講座生が
平均月32万円売り上げる
講師が教える

副業からはじめる ハンドメイド 売り方 大全

ハンドメイド作家のB面 著

はじめに

　はじめまして、ハンドメイド作家のＢ面です。

　私は2016年からハンドメイド作家として活動を始めました。最高月商約1,000万円を達成した売れっ子ハンドメイド作家（便宜上恥ずかしげもなく自ら言います！）ですが、名前やブランド名は明かさず、「Ａ面」であるハンドメイド作家の「Ｂ面」としてハンドメイドコンサルタントの活動をしています。

　ハンドメイド作家を始める前は、10年以上会社員として働いていました。会社員時代の収入はごく一般的で、金銭面で特に困っていたわけではありません。ただ、３人目の子どもが生まれたことをきっかけに、将来のお金のことが漠然と不安になりました。その頃から、会社員として働きながら副業としてハンドメイド作家の活動を始めるようになったのです。

　会社員とハンドメイド作家、二足のわらじを履く生活は約２年間続きました。ハンドメイドの仕事ができるのは、平日の帰宅後から深夜までと土日だけ。ワーク・ライフ・バランスなんてあったもんじゃない、もうめちゃくちゃで、常に寝不足状態でしたし、一番大事にしたいはずの子どもたちとの時間もあまり取れていなかったと感じます。そんな生活を続ける中で、２年ほど経った頃にはハンドメイドの年商が会社員としての年収を上回るようになり、退職を決意しました。そして、今後も収入が伸びる可能性を信じて、ハンドメイド作家一本に絞ることにしたのです。

もちろん、その後すべてが順調だったわけではありません。退職後、ハンドメイドの売り上げが急に落ち込むなど、危機的な状況に陥ったこともありました。そんなときは気分転換に体を動かしたり、ハンドメイド以外のことに目を向けたりして、ひたすらマーケティングの勉強をしました。そのときに学んだマーケティングの知識が、今では私自身の大きな武器になっています。

ハンドメイド作家向けのオンラインサロンを開設

　マーケティングを勉強して感じたのは、自分の活動を俯瞰的に見られるようになると、売れ続けることができるだけでなく、メンタルも落ち着き、よい作品を作り続けられるということでした。趣味的な感覚でハンドメイド作家を続けている方も多いように感じますが、それではなかなか売り上げは伸びません。マーケティングを理解したことで、「どうして売れないのか」を考えながら運営していくことの重要性を痛感しました。

　2019年に、ハンドメイド作家向けのオンラインサロンを開設しました。そのきっかけは、話し相手がいないという理由でした。会社員時代は人間関係のストレスがけっこうありましたが、家での作業が続くと今度は人と会わないことが不安に感じられるようになってきました。そんなとき、X（旧Twitter）で「ハンドメイド作家全員で勇気を出して販売価格を上げていきませんか？」と投稿すると、思いもよらない大きな反響がありました。それがきっかけで、オンラインサロンを開設してみようと決意しました。

　オンラインサロンを主宰することで、自分がこれまでやってきたこと

は間違いではなかったんだと実感しました。そして、たくさんのハンドメイド作家仲間ができたことで、気持ちもかなり楽になりました。

自分らしくいられるようになった

　これまでずっと一人でハンドメイド作家として活動してきました。そのため、作品が売れるようになるにつれて、徐々に人手不足が悩みとしてでてきました。ハンドメイド作家の仕事は作品作りだけではありません。SNSの運用、梱包、発送、お客様とのやりとりなど、やるべきことがとても多いのですが、自分のキャパシティを簡単に増やすことはできません。
「これ以上作品を作る数を増やすのは絶対無理だ、どうしよう……」と思い悩んだとき、まずは制作工程を一から見直してみることにしました。制作工程で「これは不要かもしれない」と思える部分を大胆に削ることで、作れる作品の個数を増やすことができました。さらに、制作が追いつかないのは需要があるからだと確信し、販売価格の値上げを決意。結果、販売個数は減らずに、売り上げを増やすことに成功しました。

　ハンドメイド作家として活動を続けてこられたのは、自宅で作業ができ、自分らしくいられる環境を手に入れたからです。会社勤めしか選択肢がなかった頃はストレスが多く、家族との時間もあまり持てていませんでした。しかし、今ではこの選択が正しかったと自信を持って言えます。この本が、ハンドメイド作家のみなさんが次の一歩を踏み出すきっかけになれば幸いです。

　　　　　　　　　　　　2025年1月　ハンドメイド作家のB面

講座生が平均月32万円売り上げる講師が教える
副業からはじめるハンドメイド売り方大全　目次

はじめに……3

第1章　ハンドメイド作家という生き方　好きを仕事に

1　ハンドメイド作家になるチャンスは誰にでもある……10
2　多くのハンドメイド作家は2年も続かない……11
3　作家視点 ≠ お客様視点……12
4　作品を作る前にお客様に意見を聞く……14
5　好きな作品を作る？⇄お客様が欲しい作品を作る？……16
6　"マーケティング脳"を鍛えよう……18
7　マーケティングの基本理論を知ろう……20
8　ものが売れづらい時代……だからこそハンドメイドブランドを作る！……26
9　自分のハンドメイドブランドを作ろう！……28
10　minne、Creemaは自分のブランドをアピールするチャンス……34

第2章　ハンドメイドの6つの売り場　自分に合った売り場はどれ？

1　自分にあった売り場を選ぼう……36
2　ハンドメイドの6つの売り場……37
3　売り場　①委託販売(オフライン)……39
4　売り場　②イベント販売(オフライン)……41
5　売り場　③ポップアップ販売(オフライン)……43
6　売り場　④minne、Creema販売(オンライン)……45
7　売り場　⑤SNS直販(オンライン)……47
8　売り場　⑥ライブ販売(オンライン)……49
9　ハンドメイドの売り場まとめ……51
10　売り場は一度決めたら変えない方がいい？……52
11　本業を目指す？⇄副業を目指す？……53
　　COLUMN　ブームにのるべき？のらないほうがいい？……54

第3章　ハンドメイド版価格設定の極意　作家もお客さんも満足する

1　作品の値段は自由に変えることができる……56
2　最初にやりがちなNGな価格のつけ方……57

3 安売りしてはいけない8つの理由 ……… 58
4 作品単価×注文点数だけでなく客単価も意識する ……… 61
5 知覚価値法で価格を決める ……… 62
6 PSM分析で適正価格を見つける ……… 63
7 データ収集の方法 ……… 65
8 作品の上手な売り方テクニック ……… 66
9 真似されても価格を下げてはいけない ……… 69
10 みんなで販売価格を上げよう ……… 70
COLUMN ギフト利用の増加は売り上げUPのチャンス ……… 72

第4章 ネットで売れる仕組みを作る
minne・Creema・BASE・SNSの活用法

1 24時間365日販売できるのがオンライン販売の魅力 ……… 74
2 オンライン販売のお客様の購入パターン ……… 75
3 ハンドメイド専門マーケットプレイスの
　2大巨塔は「minne」と「Creema」 ……… 78
4 minneの売り場を作ろう ……… 79
5 Creemaの売り場を作ろう ……… 85
6 BASEの売り場を作ろう ……… 87
7 B面おすすめのBASEでのサイトの作り方 ……… 89
8 売り場に誘導するためのSNSを作ろう ……… 96
9 Instagramの上手な運用方法 ……… 98
10 X (旧Twitter) の上手な運用方法 ……… 106
COLUMN ハンドメイド？ AIの未来 ……… 108
COLUMN ハンドメイド作家に注目される新SNS「Threads」の魅力 ……… 110

第5章 売れる写真の撮り方　きれいな写真と売れる写真は違う

1 オンライン販売では写真で9割が決まる ……… 112
2 よくある作品撮影での失敗例 ……… 113
3 SNSで好まれる写真と売れる写真の違いを知る ……… 116
4 撮影に必要なものを準備しよう！ ……… 117
5 カメラとスマホ、どっちがいい？ ……… 119

- 6 売れる写真が撮影できるポイントを知ろう！ ①基本の配置や構図を覚える ……… 121
- 7 売れる写真が撮影できるポイントを知ろう！ ②ぼかしをうまく使う ……… 124
- 8 売れる写真が撮影できるポイントを知ろう！ ③売れる構図を知る ……… 126
- 9 売れる写真が撮影できるポイントを知ろう！ ④作品写真の構成を考える ……… 132
- 10 売れる写真が撮影できるポイントを知ろう！ ⑤光を上手に当てる ……… 137
- 11 売れる写真が撮影できるポイントを知ろう！ ⑥便利な小物で工夫する ……… 139
- 12 売れる写真が撮影できるポイントを知ろう！ ⑦レタッチで仕上げをする ……… 141
- 13 苦手な人はプロに任せるのもあり！ ……… 142
- COLUMN 撮影前に世界観を見つける ……… 144

第6章 オフライン販売やライブ販売の実践
委託・イベント・ライブ販売で広げる可能性

- 1 今後、伸びが予想されるオフライン販売 ……… 146
- 2 お客様に会えるのがオフライン販売の魅力 ……… 147
- 3 委託販売の売り場の作り方・注意点 ……… 148
- 4 イベント販売の売り場の作り方・注意点 ……… 149
- 5 ポップアップの売り場の作り方・注意点 ……… 154
- 6 ライブ販売とは？ ……… 156
- 7 雑談型ライブ配信とライブ販売の違い ……… 158
- 8 ライブ販売のメリット ……… 159
- 9 ライブ販売の準備をしよう ……… 160
- 10 売れるライブ販売の6大ポイント ……… 163

第7章 作家座談会　ハンドメイド作家のB面×KIRU×kiRu×チエソー

兼業・専業？ それぞれの仕事のやり方 ……… 168

おわりに ……… 183

イラスト／村山宇希
ブックデザイン／大悟法淳一、永瀬優子、
　　　　　　　　王 荔宸（ごぼうデザイン事務所）
編集協力／酒井明子

写真／P118左：shinra（PIXTA）、P132：07nana（PIXTA）

第1章

ハンドメイド作家という生き方

好きを仕事に

1 ハンドメイド作家に なるチャンスは誰にでもある

　ハンドメイド作家の仕事は、基本的に全部一人で行うことができます。何をどう作るのかは作家自身の自由です。作品が完成したら、minne、CreemaやSNS、イベントなど、自分が選んだ方法でお客様に販売します。**作業スペースは2畳ほどあれば十分**で、広い場所を借りたりする必要はなくて、自宅で仕事を完結することができます。

　さらに、ハンドメイド作家に理解のあるお客様が多く、**急ぎの対応が少ないため、1日のスケジュールを自由に組みやすいのも特徴**です。そのため、出産直後や子育て中の主婦の方、事情があって外出が難しい方、人間関係にストレスを感じやすい方などにとって本当に取り組みやすい仕事だと思います。

　ハンドメイド作家になるために、特別な資格は必要ありません。「ハンドメイド」と聞くと、手芸や裁縫、アクセサリー作りなど、手先の器用さが求められるイメージがあるかもしれません。しかし、必ずしもそうではなく、現在のハンドメイド市場には、スマホケースやマスキングテープなど、元のデザインさえ作ることができれば、それを入稿するだけで大量生産できる作品、香りを調合して作るアロマやお香、料理の腕を活かしたスイーツや食品など、さまざまな分野の作品があります。そのため、**誰にでもチャンスがあり、今日からでもハンドメイド作家としての一歩を踏み出すことができるのです。**

　「得意なことはあるけれど、自分の作ったものなんて売れるのかな?」と不安に思ったことはありませんか? もしかしたら、それが人気のハンドメイド作品になるかもしれません。人気の売れっ子作家はそこから生まれています。

2

多くのハンドメイド作家は2年も続かない

　このように、ハンドメイド作家になること自体のハードルは非常に低いため、始めるのは決して難しいことではありません。しかし、せっかくデビューしても、多くのハンドメイド作家が2年も続かないのが現実です。2年というのは私自身の経験に基づいた感覚ですが、おそらく大きく外れてはいないと思います。実際、私がSNSで相互フォローしているハンドメイド作家のアカウントを久しぶりに見ると、昔は活発だったはずの多くの方が更新をストップしています。同じ2016年にデビューしたハンドメイド作家で、今でも活動を続けている作家はほとんどいません。

　例えば、minneやCreemaのようなハンドメイドマーケットを見ても、作家数は年々増えている一方で、全体の売り上げは最近少し停滞しているように見えます。つまり、**実際に活動しているハンドメイド作家（＝有効なアカウント）は、登録者数よりもはるかに少ない**と考えられます。

　ハンドメイド作家になったばかりの頃、多くの人は得意を活かした作品作りに楽しさを感じています。ひとつでも作品が売れると嬉しくて、次々と新しい作品を生み出していく。しかし、徐々に最初の頃と同じようには作品が売れなくなり、大量の在庫だけが手元に残るようになってしまいます。「自分は何のために作っているのだろう？」と悩むようになり、やがてやりたいことがわからなくなってしまう──そんな迷子状態に陥り、結局ハンドメイド作家を辞めてしまうのです。

　そうならないために大切なのは、**作品を継続的に売り続ける仕組みを作ること**。そうすれば、誰でもハンドメイド作家として活動を続けていくことができるのです。

3

作家視点 ≠ お客様視点

　では、なぜハンドメイド作品は売れ続けないのでしょうか？　その原因のひとつは、多くの作家が「作ること」を楽しんでいるのに、「売ること」を楽しんでいる作家がほとんどいない点です。私がハンドメイド作家を始めた2016年頃、ハンドメイド市場でマーケティングを意識しながら売っている人はほとんどいないように感じました。

　多くのハンドメイド作家は、「セリング」と呼ばれる短期的な売り上げを目指す売り込み手段に依存しています。この方法は、自分が作りたい作品をとりあえず作り、制作後にどうやってお客様に売るかを考えるというスタイルです。分析をほとんど行わず、その場限りの売り方に終始してしまうため、売り上げが停滞しがちです。一方で、「マーケティング」は視点が根本的に異なります。**お客様が求めるものを出発点にし、継続的に売り上げを伸ばす仕組みづくりを目指します。**

　以下の表は、セリングとマーケティングの違いをわかりやすく整理したものです。

ハンドメイド的セリングとマーケティング

セリング

出発点	焦点	方法	目的	成果
作家が作りたい作品	今日やることしか考えない	分析をせずにとりあえず作る・販売するが中心	今の売り上げ維持	買ってくれた作品数による利益

マーケティング

出発点	焦点	方法	目的	成果
ハンドメイド市場お客様ニーズ	明日、来週、来年生き残ることを重視	分析・創造的	右肩上がり	お客様満足度向上による利益

このように、**セリングは「今」に焦点を当てて現状維持を目指すのに対し、マーケティングは「未来」を見据え、長期的な成長を目指します。**お客様の満足度を向上させることで、次のような効果が期待できます。

- リピーターが増える
- 口コミで新しいお客様を獲得できる
- 無理な要望が減り、高単価の作品も売れる
- 有益なレビューが増える

2年経たずにハンドメイド作家を辞めてしまう人のほとんどが、実はセリングをベースに活動しています。それに気付いている作家はいません。一方で、戦略的にマーケティングを取り入れることで、より持続可能な作家活動を構築することができます。「マーケティング＝お金のことしか考えていない」と誤解されることもありますが、**実際には「お客様がどうしたら満足してくれるか」を最優先に考える手法です。**

私たちの作品を購入してくれるのはお客様です。大切なのは、自分が作りたいものだけを作るのではなく、**お客様の視点に立った制作や販売活動を行うことなのです。**

「マーケティング」はまず出発点が異なります。ハンドメイド市場を観察しながら、お客様が欲しいものは何かを考え、ニーズに沿った作品を作ることが出発点となります。そして、お客様が「買いたい」と思う仕組みを作り、その場限りの視点ではなく、明日・来週・来年も生き残るための戦略に基づいて作品を制作します。さらに、売れた・売れなかった理由を分析しながら次の方向性を定めることで、売り上げは右肩上がりに成長していきます。その結果、「何個売れたか」という数量ではなく、**お客様の満足度の向上によって利益を得る**ことができるのです。

4
作品を作る前にお客様に意見を聞く

作品開発を行うときに、「売れるかどうか分からないけれど勘で進める」という方法では成功し続けるのは難しいです。実際、勘に頼った結果、売れない作家に転落する人も少なくありません。そこで、失敗の確率を減らすために、**私は作品を作る前にお客様の声＝ニーズを調べることを心がけています。**

手順として、**まず市場を観察し、どのような作品なら売れるのか仮説を立てます。**その次に行うのが**「SNSで既存のお客様の反応を見る」**ことです。私の場合、LINE会員が1万人以上いるので、そこからお客様のフィードバックやアドバイスを収集しています。多くの人に意見をもらうために、アンケートにクーポンをつけるなどの工夫をしています。

アンケート結果が集まったら、それを数値化して分析し、そのデータを元に新作を制作します。さらに販売の際に、**「お客様の声を基に生まれた作品」**とアピールすることも重要です。この方法を取り入れるようになってからは、作品が売れ残ることが大幅に減り、お客様からも「**作家**

作品開発の進め方

さんといっしょに作品を作った」という喜びの声をいただけるようになりました。

「LINE会員が１万人いるからできるのでは？」と思われるかもしれませんが、ここに至るまでには多くの努力を重ねました。どうすればLINEに誘導できるかを考え、数年かけて少しずつ増やしてきたのです。ただ、必ずしもLINE会員を活用する必要はありません。Instagramなど、自分がやりやすいツールや方法で行えばよいのです。

好きな作品を作る?⇄
お客様が欲しい作品を作る?

　ハンドメイド作品の開発や販売には、大きく分けて「マーケットイン[※]」と「プロダクトアウト[※]」という2つのアプローチがあります。それぞれの特徴とメリット・デメリットを理解することで、自分に合った方法を見つけられるでしょう。

マーケットイン：お客様の課題からスタート

　マーケットインは、まずマーケット（市場）を観察し、対象となるお客様を定めます。そして、お客様が抱えている課題を調査し、その課題を解決できる作品を考える方法です。この手法は、「マーケティング」に基づいた考え方であり、以下の図にあるように、**課題解決を重視**しています。

メリット
- お客様のニーズに応えるため、完全に売れないリスクが少ない。
- 販売の初期段階で手応えを得やすい。

デメリット
- よくあるデザインになりやすく、他の作家に真似されやすい。
- 価格競争に巻き込まれやすい。

プロダクトアウト：作家の個性を重視

　一方、プロダクトアウトは作家自身の強みや得意分野を活かし、**「作りたい作品」を制作する方法**です。市場やお客様の声を意識せず、自分の発想を優先して作品を開発します。そして、完成した作品を出品し、お客様の反応を見ながら潜在ニーズを掘り起こします。

メリット
- 独自性の高い作品になり、他の作家に真似されにくい。
- 成功した場合、大ヒットにつながる可能性がある。

デメリット
- お客様のニーズに合わなかった場合、まったく売れないリスクが高い。
- 作品の価値をお客様に理解してもらうまでに時間がかかる。

マーケットイン

 対象となるお客様を定め調査課題を抽出する   課題を解決できる作品を考える

プロダクトアウト

 作家主体の発想で作品を開発   広いニーズを持つお客様を見つけ出す

※マーケットイン…お客様の要望やニーズなどを理解しながら作品を作り、お客様が求めているものだけを売り場に出すこと
※プロダクトアウト…お客様の要望やニーズよりも、作家の作りたいものを優先させること

6
"マーケティング脳"を鍛えよう

　ほとんどのハンドメイド作家は、プロダクトアウトの考え方には慣れています。しかし、マーケットインを実践できている作家はほんのわずかです。**どちらの考え方にもメリット・デメリットがありますが、作品作りにおいてはマーケットインを理解し、意識することが大切です。** そのためにも、普段の生活の中で"マーケティング脳"を鍛えることが重要となります。

"マーケティング脳"とは？

　"マーケティング脳"と聞くと難しく感じるかもしれませんが、**要は「お客様にどうやったら作品を買ってもらえるのか」を考えることです。** ハンドメイド作家の中には、「自分好みの作品が上手にできたから、とりあえず売ってみよう」と軽い気持ちで始める人も少なくありません。最初のうちはそのやり方でも売れることがありますが、その状況が長く続くことはほとんどありません。消費者目線ではなく、売る側の視点に立ち、客観的に考えることが必要です。

　例えば、コンビニの棚には限られたスペースしかありません。その限られた中で選ばれた商品には、選ばれなかった商品に比べて優れているポイントがあります。ブランド力なのか、トレンド性なのか、パッケージのデザインや価格なのか……。**こうした視点で日常で売られているものを見るだけでも、売る側としてのヒントが見つかることがあります。**

ペルソナと同じ行動をしてみる

　私自身が"マーケティング脳"を鍛えるためによく行うのは、作品を買ってもらいたいターゲット、つまり**ペルソナと同じ行動をしてみること**です。私の作品のメインターゲットは30代の女性ですが、私は40代男性です。性別も年代も違うため、普通に生活しているだけではペルソナが何を求めているのかを理解するのは難しいのです。

そこで、30代女性に人気のあるものをチェックしたり、彼女たちが行きそうな場所に出かけたり、話題のテレビ番組を見たりしてみます。こうしてペルソナと同じ行動をしてみることで、新しい発見があり、「今求められているのはこういうことかもしれない」と気づくことができるのです。

他のジャンルの売り場を見る

　また、売り場を見る際には注意が必要です。**ハンドメイド作家はつい同業の売り場ばかりを見がち**です。特にSNSでは、自分と同業のアカウントが多く表示されるため、同じような売り場ばかりを参考にしてしまいます。しかし、私の経験では、**同業他社の売り場は最初のうちは参考になるものの、それ以上の学びは得られなくなります。**

　そこでおすすめなのが、**意識的に他のジャンルの売り場を見る**ことです。例えば、違うジャンルの売り場を見ると、「こんな写真の撮り方があるのか」「この色使いは新しい」といった新たな発見があります。こうした視点を持つことで、作品作りや販売活動に新しいアイデアを取り入れることができるでしょう。

7
マーケティングの基本理論を知ろう

　マーケティングについて基本的な理解ができたら、次に知っておきたいのがマーケティングの理論です。自分の作品やブランドを成長させるためには、以下の3つのステップに沿ってマーケティングを行うことが効果的です。

マーケティングの3つのステップ

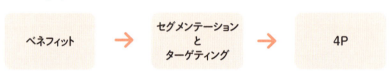

1. ベネフィット

　マーケティングを考えるうえで、まず注目すべきは「**お客様にどのようなベネフィット（利益や価値）**※ **を提供できるか**」です。作品を通じてお客様が得られるメリットは何か？ **作品の特徴だけでなく、購入後の体験や満足感を想像してみましょう。**ベネフィットが明確であればあるほど、ターゲットとなるお客様に作品の魅力が伝わりやすくなります。

お客様が得るベネフィットとそのために払う対価

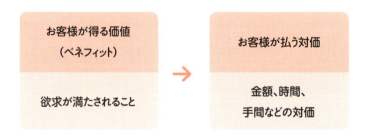

※ベネフィット…物事から受けられる恩恵や利益。お金のことだけでなく、心理的なことなども意味する

ベネフィットには2種類ある

ベネフィットには、「**機能的なベネフィット**」と「**情緒的なベネフィット**」の2つがあります。まずは、自分の作品が提供できる機能的なベネフィットと情緒的なベネフィットを整理してみましょう。以下にそのイメージを示します。

機能的ベネフィット

物理的な価値
丈夫／便利／軽い

情緒的ベネフィット

情緒的な価値
思い出／記念／
ステータス／VIP感

具体例：ルイ・ヴィトンのバッグ

わかりやすい例として、ルイ・ヴィトンのバッグを挙げてみます。機能的ベネフィットと情緒的ベネフィットを考えると、次のようになります。

機能的ベネフィット

丈夫で壊れにくい／持ちやすい／
収納力が高い／アフターサービスがよい

情緒的ベネフィット

かっこいい／オシャレ／
ヴィトンを持っていると見てすぐわかる
優越感／達成感／ごほうび／
ママ友ランチやデートに持ちたくなる

自分の作品のことをなんとなく頭の中で理解していても、それを具体的に文字にして整理していない作家は多いのではないでしょうか？ **特に、機能的なベネフィットは分かりやすくても、情緒的なベネフィットについては意識が薄い場合が少なくありません。**

しかし、これをしっかり理解しておくことで、売り場では「私の作る

バッグのよさは、軽くて大きいこと。そして特別感があるのでギフトにもぴったりです」など、作品の魅力をアピールすることができます。また、「軽い」というキーワードから、「軽いから肩が疲れない」など、より具体的で一歩踏み込んだ提案も可能になります。

2. セグメンテーション・ターゲティング

　セグメンテーションとは、市場にいる不特定多数のお客様を、同じ性質やニーズを持つグループ（セグメント）に分けることを指します。

　このプロセスを通じて、自分がどのグループをターゲットに作品を作るのかを明確にしていきます。

セグメンテーションの切り口

　セグメンテーションにはさまざまな切り口がありますが、大きく分けると以下の4つです。

1. 人口動態変数（年齢／性別など）
2. 地理的変数（地方／気候など）
3. 心理的変数（好み／ライフスタイルなど）
4. 行動変数（購入状況／使用頻度など）

　これらを組み合わせることで、どのような作品を作ればよいのかを具体的に考えることができます。

　以下の表は、セグメンテーションの切り口を使った例です。

ハンドメイド的セグメンテーションの切り口

切り口	セグメントの例	該当するハンドメイド作品の例
人口動態変数（年齢／性別）	男性／女性、30代前半／50代後半、既婚（子ども有）／既婚／未婚	・30代女性向けの天然石ネックレス ・50代男性向けの寄木ネクタイピン
地理的変数（地方／気候）	全国／東京都、春／夏／秋／冬、暑い／寒い	・冬向けのふわふわネックウォーマー ・夏向けのクラゲのピアス
心理的変数（好み）	性格、価値観、ライフスタイル、趣味	・登山好き向けのサコッシュ ・ねこ好き向けのうち猫刺繍バッグ
行動変数（購入状況）	未購入者／新規客／リピーター／ファン	・未購入者向けのお試し作品 ・ファンだけが購入できる限定作品

セグメントができたら、次に行うのは、**特定の市場を狙うターゲティング**です。誰をお客様として狙っていくのかを決めることで、作るべき作品や販売方法がより明確になります。

ターゲティングのイメージ

　ターゲティングができていないと、作品を「誰に向けて作るのか」が分からなくなり、結果的に市場から求められない作品になりがちです。
　例えベネフィットが明確な作品であっても、ターゲットを誤ると売る相手やタイミング、場所を間違えてしまいます。その結果、買う気のない人にまで広告を打ってしまい、無駄なコストがかかる場合もあります。
　一方、**セグメンテーションとターゲティングが正確に行われていれば**、「誰にどうやって売るのか」で迷ったときも、**適切な判断ができるようになります**。これにより、効率的で正しい売り方に立ち戻ることが可能になります。

3 4P

4Pとは、以下の4つの要素を指します
- Product（製品／ハンドメイド作品）
- Price（販売価格）
- Promotion（広告）
- Place（販売場所）

これらは、お客様に作品を通じて価値を提供し、その対価としてお金をいただくために必要な基本要素です。私自身はこの4Pを作品ごとに3つの軸に分けて考えています。

以下の表は、4Pを「ライト軸」「作品軸」「作家ファン軸」の3つに分けて整理したものです。

ハンドメイド的4P

	ライト軸	作品軸	作家ファン軸
ターゲット	こだわりが薄く、価格重視	ハンドメイド好き、作品の品質重視	ハンドメイド好き、作品の品質重視
作品	万人に好まれる作品、トレンド作品	高品質作品	1点モノ、限定作品
売り場	minne、委託店、大規模イベントなど広範囲	Creema、SNS→BASE、ジャンル特化型イベントなど限定的	ライブ販売やポップアップ、SNS→BASEなど限定的
販売価格	最安値、ディスカウント多い	高価、ディスカウント少なめ	普通、手数料がかかる
広告	SNSやGoogle広告など、大衆に向ける	Creemaプロモーションなど、ハンドメイド好きに向ける	ファン間での口コミや紹介促進など限定的

各軸の特徴

ライト軸
　ライト軸の作品は、店頭の目立つ場所に置かれるような、はじめて訪れたお客様にも手に取りやすい作品です。万人に好まれるシンプルなデザインや価格帯で、幅広い層にアピールできます。

作品軸
　作品軸は、店の奥に配置されるような少し特別感のある作品を指します。品質やデザインにこだわった作品で、トレンドに敏感な層をターゲットにしています。

作家ファン軸
　作家ファン軸は、作家自身やブランドのファン層をターゲットにした限定的な作品です。ファンが作家に会いたくなるようなPOPUPやイベントなどを通じて販売されます。

ものが売れづらい時代……
だからこそハンドメイドブランドを作る!

　高度経済成長期には、テレビ、洗濯機、冷蔵庫が「三種の神器」と呼ばれていました。当初、それらは高価で一般家庭には手が届きにくいものでしたが、経済の発展とともに機能が充実し、価格も手頃になり、全国の家庭に普及していきました。
　最初は「テレビが欲しい」という単純な欲求だけだったはずが、時代が進むと「ソニーのテレビが欲しい」など、**お気に入りのブランドを意識するようになります**。同じ「映像を見る」という機能を持つ商品でも、メーカーが自社の差別化ポイントを広告などで打ち出し、ブランドとしての価値を提供し始めたのです。このようにブランドが人々の中で意識され始めた頃、バブル崩壊が起きました。

　その後、インターネットが普及し、情報が瞬時に手に入る時代になると、**競争相手は国内にとどまらず、世界中のブランドとの戦いが始まります**。安価な海外製品が日本国内に流入し、競争はさらに激化しました。日本でもユニクロやニトリといった、リーズナブルで品質のよいブランドが登場しましたが、それでも価格や品質だけで差をつけることが難しい状況に。こうして**「ものが売れづらい時代」**が到来したのです。

　ハンドメイド市場は2015年頃からブームが始まりましたが、日本経済と同じように、"ものが売れにくい"時代に突入していると感じます。しかし、デザインフェスタやハンドメイドインジャパンフェス(HMJ)などのハンドメイドイベントに行くと、売れるブランドや人気作家には大行列ができています。一方で、売れない作家も多く、**売れる作家と売れない作家の二極化が進んでいる**のが現状です。

　では、この差はどこから生まれるのでしょうか?
　その答えは、**ブランド力の差**ではないでしょうか。

「ものが売れづらい時代」だからこそ、**しっかりとしたハンドメイドブランドを作ること**が求められています。ただ作品を作って売るだけではなく、**ブランドとしての価値を伝え、作家自身の魅力をお客様に届けること が大切**です。今こそ、ハンドメイド作家にとってブランドづくりが成功の鍵となるのです。

規模の経済から品質の経済へ

9 自分のハンドメイドブランドを作ろう!

　ブランド化に成功すれば、作品が「勝手に売れる」仕組みを作ることができます。では、どうやってブランドを作ればいいのでしょうか？ここでは、ブランドを作るための2大ポイントを紹介します。

1. ブランドは「人」である

　ブランドを考えるときにおすすめなのが、**ブランドを擬人化**してみることです。ブランドをひとりの「人」としてとらえることで、イメージが具体化しやすくなります。

　例えば、「Soup Stock Tokyo」ではブランドそのものを象徴する擬人化キャラクター、"秋野 つゆ"さん（女性・37歳）を設定しています。**彼女はブランドの擬人化であると同時に、ターゲットのお客様であるペルソナとしても機能しています。**

"秋野 つゆ"さんの設定例
- 37歳の女性
- 都内在住
- 独身または共働きで経済的に余裕がある
- 都心で働くキャリアウーマン
- 個性的だが、大雑把で細かいことは気にしない
- ファンシーなものは苦手でシンプルを好む
- 「こうじゃなければいけない」という考え方に縛られない

　このように性格や生活スタイル、価値観、周囲からの評判など、詳細な設定がなされています。そして、「Soup Stock Tokyo」のメニュー、店構え、インテリア、立地など、すべての要素が"秋野 つゆ"さんに通ってもらえるように考えられているのです。

　ブランドを擬人化することで、以下のようなメリットがあります。

ブランドイメージが明確になる
迷ったときに「このブランドならどうするか？」という基準がわかる。

理想のペルソナが明確になる
どんなお客様に来てもらいたいのか、作品を購入してほしいのかを具体的にイメージできる。

自分のブランドを擬人化し、理想のペルソナを具体化することは、ブランドづくりの第一歩です。ぜひ、この方法を試してみてください。

2. 見え方のコントロール

ハンドメイドブランドを構築するためには、見え方をコントロールすることが重要です。ブランドを形作る要素は全部で12個ありますが、ここではそのうち1〜9について説明します。

ハンドメイド作家のブランド要素

1 屋号	2 店主	3 ロゴマーク
4 色	5 メインビジュアル	6 キャッチコピー
7 SNS用プロフィール	8 パンフ用プロフィール（400〜600文字程度）	9 パッケージ、印刷物
10 SNS	11 minne、Creema、BASE	12 イベントブース

1.屋号／2.店主

　まず決めるべきは「屋号」、つまりお店の名前です。**理想は、他にはない唯一無二の名前にすること。**同じ名前の作家がいる場合、検索された際にお客様が混乱したり、他のブランドに流れてしまう可能性があります。**検索結果にヒットしやすい屋号にすることで、より多くの人に見つけてもらいやすくなります。**

　また、**発信する際に「○○というお店のB面です」として店主が話すのか、それともブランド自体が「私」として話すのかを決めておくことも大切です。**どちらがよいというわけではありませんが、あらかじめ決めておかないと、ライブ配信などで発信する際に視聴者が混乱する原因となります。

3.ロゴマーク／4.色

　ロゴやテーマカラーは、ブランドのコンセプトを表すものにするのがおすすめです。これは、ブランドを擬人化する考え方とリンクしており、「ブランドは人である」を基に、人物像をロゴや色で表現するとよいでしょう。

　ロゴや色が決まったら、できるだけ多くの場面で取り入れて使い続けることが重要です。例えば、ポカリスエットのイメージカラー「青」が突然ピンクになったら、最初は違和感を覚えるかもしれません。しかし、長い時間をかけてロゴや色を浸透させることで、「そのロゴを見たらあの作家の作品だ」とお客様に覚えてもらえるようになります。

5.メインビジュアル

　メインビジュアルを持っていない作家は意外と多いです。もちろん、販売用にたくさんの作品写真を撮っている方がほとんどだと思います。しかし、メインビジュアルはそれとは一線を画します。**メインビジュアルとは、ブランドや作家性を表現するためのひとつランクが上の写真です。**

　結果的に作品を写した写真であっても構いませんが、**重要なのはブランドや作家の世界観が伝わるようなビジュアルにすることです。**この1枚があるだけで、**ホームページやパンフレット、ショップカード**など、さまざまな場面で活用しやすくなります。

　ぜひ、自分のブランドを象徴するようなメインビジュアルを1枚用意してみてください。それが、あなたのブランドの印象を強くし、販売活動をさらに効果的にしてくれるでしょう。

6. キャッチコピー／7. SNS用プロフィール／
8. パンフ用プロフィール

　ロゴやビジュアルの制作は得意だけれど、「文字で自分を表現するのは苦手」というハンドメイド作家は多いのではないでしょうか。その理由のひとつは、イベントや配信、minne、Creemaでの販売など、文章が必要になるたびに<u>その場で考えているからです。</u>

　<u>文章を都度考えるのではなく、あらかじめ文字量の異なる3パターンのプロフィール文を用意しておくと便利です。</u>

　以下のように、用途に応じた文章を事前に作成しておきましょう。

1. 小：キャッチコピー（約15文字）
　　　自分やブランドを簡潔に表現する短いフレーズ。

　　例：記憶を紡ぐ一枚の物語

2. 中：SNS用プロフィール（約60〜100文字）
　　　SNSアカウントで使える少し詳しい自己紹介文。

　　例：布の中に閉じ込めたのは、自然が奏でる美しさや心に残る風景の記憶。一枚の服が、あなただけの物語を語り始めます。

3. 大：ネット販売・パンフ用プロフィール（約200〜400文字）
　　　BASE、minne、Creema、パンフレットなどで使える、より詳細な説明文。

　　例：布に描くのは、今この瞬間の美しさや、心に残る風景の記憶。一枚の服に込めたのは、ただ装うためのデザインではなく、日常に小さな旅を届けるための物語です。自然の中で見つけた色や形、光が織りなす一瞬を丁寧に閉じ込め、一点ずつ心を込めて仕立てています。これからもゆっくりと作品を増やしながら、まだ見ぬ景色を探し続けていきます。この服を身

にまとい、まるで世界を旅するような感覚を、あなたの毎日に加えてみませんか？

9. パッケージ、印刷物

　ハンドメイド作家は、作品を出展して販売すること自体は簡単にできます。しかし、それだけではメルカリなどのフリマアプリと同じで、**「どこの誰から買ったのか」**を購入者が覚えてくれる可能性は低いのです。**ハンドメイド作家にとって重要なのは、一度の取引で終わらないことです。**「かわいくて安かった」という印象だけでは、「次もこの作家から買いたい」とは思ってもらえません。

　お客様に再び戻ってきてもらうためには、**しっかりとブランディングを行うこと**が欠かせません。そのためには、これまでに紹介した１～９の項目を丁寧に作り上げることが必要です。

10
minne、Creemaは自分のブランドをアピールするチャンス

　少し余談になりますが、オンラインのハンドメイドマーケットプレイスであるminneやCreemaには、自分のブランドをアピールできる自由度の高さという特徴があります。

　例えば、ZOZOに出店する場合、出店料は高いものの、作品写真はプロが撮影してくれて、在庫管理や発送などの手間もZOZOが代行してくれます。ただし、発送時にブランドのチラシやリーフレットを同封することはできず、梱包もZOZOの指定袋を使用するため、自分のブランド色を出すのが難しいのが実情です。

　一方、minneやCreemaでは、撮影・梱包・発送はすべて作家自身が行う必要がありますが、発送時の内容や方法は自由です。**ブランドのチラシやリーフレットを同封したり、オリジナルの梱包材を使ったりすることで、購入者に自分のブランドをしっかりとアピールすることが可能です。**

　minneやCreemaでは、撮影や梱包、発送をすべて自分で行う手間がありますが、発送方法については作家自身が自由に決められます。そのため、チラシやリーフレットを同封して、自分のブランドをアピールすることが可能です。この自由度を活かし、他の作家と差をつけるためにも、しっかりとブランディングを意識しておくことが大切です。

第2章

ハンドメイドの 6つの売り場

自分に合った売り場はどれ？

1 自分にあった売り場を選ぼう

　私の生徒の中には、素晴らしいハンドメイド作品を作っているのに、なかなか売れない作家さんがいます。その理由のひとつは、自分の作品に合った売り場で販売していないことです。

　ハンドメイド作品は、オンラインやイベントなどさまざまな場所で販売することができます。しかし、**販売場所とターゲットがずれていると、どんなに作品がよくても売れることはありません**。例えば、女性のお客様がほとんどを占める「minne」や「Creema」で男性向けの作品を販売しても、なかなか目に留めてもらえないのです。

　さらに、作品の特性だけでなく、作家自身の得意なことも考慮する必要があります。例えば、話すのが得意な方であれば、ライブ販売が向いているかもしれません。このように、作家によって最適な販売方法は異なります。しかし、多くのハンドメイド作家は、自分に合った売り場がどこなのか気づいていないことが多いのです。でも、必ず自分に合った売り場が見つかるはずです。

　第一章で学んだ「ベネフィット」や「セグメント」を活用して、自分の作品のよさや、自分自身の特性を理解することで、最適な売り場を見つけるヒントが得られます。ここでは、大きく分けて6つの売り場を紹介します。

2

ハンドメイドの6つの売り場

　売り場は「オンライン」と「オフライン」の2つに大別できます。それぞれに特徴があり、自分の作品や得意な販売スタイルに合わせて使い分けたり、組み合わせたりすることが重要です。

オフラインの売り場

1. 委託販売

　ショップやギャラリーに作品を置いてもらい、販売を委託する方法です。**自分で販売する手間を省けるため、制作に集中しやすくなります。**

2. イベント販売

　ハンドメイドイベントやマーケットに出展して、直接お客様に販売する方法です。**購入者と交流しやすく、作品へのフィードバックを得られるのが魅力です。**

3. ポップアップ販売

　一定期間限定で店舗スペースを借りて、自分のブランドや作品を集中的に販売する方法です。**ブランドの認知度を高めるのに効果的です。**

オンラインの売り場

4. minne、Creema販売

　ハンドメイド専用のオンラインマーケットプレイス（例：minne、Creemaなど）を活用する方法です。**手軽に出品でき、多くのユーザーにアプローチできます。**

5. SNS直販

　InstagramやX（旧Twitter）などのSNSを使って、BASEなどで開設したネットショップに誘導し、フォロワーに直接販売する方法です。**作品のストーリーや製作過程を共有しやすいのが特徴です。**

6. ライブ販売（ライブコマース）

　ライブ配信を通じてリアルタイムで作品を紹介し、その場で購入してもらう方法です。**話すのが得意な方に向いており、お客様との直接的な交流が可能です。**

　これらの売り場は、どれか1つだけに頼るのではなく、**オンラインとオフラインをうまく組み合わせて活用することで、販売の幅が広がります。**自分の作品や販売スタイルに合った方法を試しながら、最適な売り場を見つけていきましょう。

ハンドメイドの6つの売り場

3

売り場 ①委託販売（オフライン）

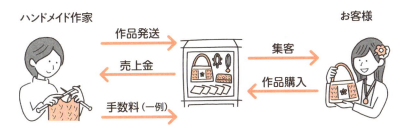

百貨店系 売上の約40〜60%
個人店 売上の約20〜40%

難易度：低

　委託販売とは、ハンドメイド作品を百貨店や個人店舗に委託し、店舗が代わりに販売してくれる方法です。個人店舗の委託には、カフェや美容院、レンタルボックスなども含まれます。**難易度が低く、ハンドメイドを始めたばかりの人にもおすすめの方法です。**

委託販売のメリット

- 自分で販売や梱包、発送を行う必要がないため、作品作りに集中できる。
- お客様が実際に作品を手に取って見ることができる。
- 金銭のやり取りは委託店舗が行うため、直接的なトラブルが少ない。

委託販売のデメリット

- お客様と直接交流する機会が少なく、お客様の情報を得にくい。
- 手数料が約20〜60%と高いため、利益を出しづらい場合がある。
- 次の販売につながりにくい。

委託販売に向いている人

- 作品作りに専念したい人
- 様々な種類の作品を作るのが得意な人
- ひと目で魅力が伝わる作品を作っている人
- 数多くの作品を準備できる人
- 利益率が高い作品を取り扱っている人
- 憧れの店舗に自分の作品を置かれることで喜びを感じる人
- インドア派で、家にいる時間が好きな人
- 百貨店や雑貨屋を見て回るのが好きな人

4

売り場 ②イベント販売（オフライン）

難易度：中

　全国で行われるハンドメイドイベントやマルシェなどのイベントにブースを出店して販売する方法です。イベントごとの出店条件をクリアすれば、誰でも参加することが可能です。

　イベント販売の最大の魅力は、イベント自体が有名であれば、自分で集客しなくても多くのお客様に作品をアピールするチャンスがあることです。また、ブース代を払えば販売手数料は0％となり、売れた作品のすべてが自分の利益になります。さらに、お客様と実際に会ってコミュニケーションを取れるため、生の反応を見ることができるのもメリットのひとつです。

イベント販売のメリット

- 多くのお客様に作品をアピールできる。
- 販売手数料がかからず、利益を最大化できる。
- お客様と直接交流し、生の反応を知ることができる。

イベント販売のデメリット

- 出店ブースを自分で準備する必要があり、多大な労力が求められる。
- 会場内には多くの競合作家がいるため、競争が激しい。
- イベントは週末が多いため、土日祝日に予定が空けられない人には難しい。

イベント販売に向いている人

- 作品の魅力を口頭で伝えるのが得意な人
- 多くの作品を準備できる人
- 家具の組み立てやDIYが得意な人
- 人と話すことや対面での交流が好きな人
- フットワークが軽く、体力がある人
- 時間を確保できる人
- 新しい土地に行くのが好き（旅行好き）な人
- ハンドメイドイベントやマルシェを楽しめる人

売り場 ③ポップアップ販売（オフライン）

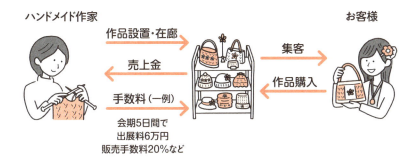

難易度：高

　ポップアップ販売とは、商業施設に一定期間、自分の作品を販売するコーナーを設けて、作家自身が売り場に立って販売する方法です。

　ポップアップはイベント販売と比較して、**レイアウトや空間作りを自由に行えることが多く、作家らしい世界観を演出したブースを作ることができるのが魅力**です。また、施設自体の集客力を活かせるため、**たくさんの人に作品を見てもらえる可能性があります**。さらに、金銭のやり取りを施設側が管理してくれる場合もあり、**接客に集中できる環境が整っています**。

　ただし、ポップアップは作家自身の影響力が非常に重要であり、事前に一定のファン層を集めておく必要があります。そうでないと売り上げが伸び悩むこともあります。また、出展料や販売手数料が比較的高く、ある程度の売り上げが見込めないと赤字になってしまう可能性があるため、**初心者には向いていません**。

ポップアップ販売のメリット

- 自由にブースのレイアウトを決め、作家らしい世界観を表現できる。
- 施設の集客力を活かして、多くの人に作品を見てもらうことができる。
- 接客に集中できる環境が整っており、お客様と直接交流できる。

ポップアップ販売のデメリット

- 出展費用や販売手数料が高く、売り上げが伸びなければ赤字になる可能性がある。
- 一定数のファンが必要で、はじめての出店では売上が伸びにくい場合がある。
- 事前準備に時間と労力がかかり、初心者には難易度が高い。

ポップアップ販売に向いている人

- 一定数のコアなファンがいる人
- 作家自身のファン作りが得意な人
- 多くの作品を準備できる人
- 空間で世界観を表現するのが得意な人
- 憧れられるようなブランディングが得意な人
- フットワークが軽く、体力がある人
- 見知らぬ土地に行くのが好きな人（旅行好き）
- 作品の魅力を口頭で伝えられる人

6

売り場 ④minne、Creema販売（オンライン）

難易度：低

　ハンドメイド作品を販売できる代表的なオンラインマーケットプレイスには、「minne」と「Creema」、「Pinkoi」などがあります。これらの特徴や、得意とするジャンルについては、第4章で詳しく紹介します。

　minne、Creema販売の最大の魅力は、手軽に始められることです。「minne」と「Creema」はそれぞれ、すでに**1,000万人を超えるユーザー**が利用しており、ハンドメイド作品好きの人たちに対して、minne、Creemaを通じてアプローチすることができます。また、**販売手数料が約10％と比較的リーズナブル**です。

　さらに、**minne、Creema側が集客をサポート**してくれるのも特徴です。お客様に「あなたへのおすすめ」として作品を表示してくれたり、作品が注目されるよう特集に掲載してくれるなどの支援もあります。また、**minne、Creema内で目立つ位置に表示させたい場合は、有料で広告活用**をすることも可能です。

minne、Creema販売のメリット
- 手軽に始められるため、初心者でも参入しやすい。
- 「minne」や「Creema」などの大規模なプラットフォームの集客力を活用できる。
- 販売手数料が約10%と比較的リーズナブルで、運営コストを抑えられる。

minne、Creema販売のデメリット
- 競争が激しいため、目立つには工夫が必要。
- お客様の情報を取得できないため、リピーター対策がしづらい。
- minne、Creema内で目立つための広告費や特集掲載費が追加で必要になる場合がある。

minne、Creema販売に向いている人
- コツコツと継続的に勉強できる人
- 自ら進んで売り方を学ぶ意欲がある人
- 季節やイベントに応じた作品を準備できる人
- 取り扱う作品の利益率が高くない人
- 自宅で作業しながら販売をしたい人
- インドア派で、家にいる時間が好きな人
- 時間を割けるタイミングが不定期な人
- ネット通販などオンラインでものを買うのが好きな人

7

売り場 ⑤SNS直販（オンライン）

※BASEスタンダードプラン／クレジットカード決済・コンビニ決済・Pay-easy・キャリア決済・銀行振込の場合

難易度：中

　Instagram、X（旧Twitter）、TikTokなどのSNSを利用し、新作や販売情報を投稿してお客様をBASEなどを使って開設した販売サイトに誘導し、購入してもらう方法です。minneやCreemaと異なり、**お客様にダイレクトに作品の魅力を伝えられるのが特徴です。**

　minneやCreemaは「マンションの一室を借りている」ような制約があるイメージですが、BASEを使用して開設するネットショップは、デザインを自由にカスタマイズできるため、**作家独自の世界観を演出しやすいメリット**があります。また、BASEを利用することで**お客様の情報を管理し、二次利用も可能です。**

　SNSの利用は無料ですが、**BASEの手数料は販売手数料3％＋決済手数料3.6％＋40円**※と比較的リーズナブルで、利益を確保しやすいのが特徴です。

SNS直販のメリット
- 自由にデザインやブランディングができ、自分らしい世界観を表現できる。
- SNSを活用することで、お客様にダイレクトに作品の魅力を伝えられる。
- BASEを利用すれば、お客様の情報を管理し、リピーター対策に活用できる。

SNS直販のデメリット
- 主に自分のSNSを見ている人が対象のため、商圏が狭い。
- フォロワーや投稿数の管理・増加など、自分で努力が必要。
- SNS上には人気作家が多いため、自分の販売サイトに誘導するまでは、競争が激しい。

SNS直販に向いている人
- 作品の写真を撮るのが得意な人
- 作品作りのプロセスを共有するのが好きな人
- 季節やトレンドに合わせた作品を作れる柔軟性がある人
- お客様とDMで直接やり取りするのが好きな人
- インドア派で、一人で過ごす時間が好きな人
- ハンドメイドに費やせる時間が不定期な人
- 使い慣れた得意なSNSがある人
- SNSを見ることや投稿が好きで、苦にならない人

売り場 ⑥ライブ販売（オンライン）

難易度：高

　Instagram Live（インスタライブ）などライブ配信を通じて、視聴してくれたお客様に作品や制作の様子を紹介したり、使用シーンを実演したりして購入を促す方法です。ライブ中にBASEなどを使って開設したネットショップや、minne、Creemaへ誘導して作品を購入してもらう形式で、**得意な人と苦手な人が大きく分かれる販売手法のため、比較的難易度が高いと言えます。**

　ライブでは、**作品のよさや細かい部分を直接伝えることができるため、お客様への影響力はSNS直販よりも大きいです。**例え視聴者が少なくても、深い印象を与えられればコアなファンにつながり、売り上げが安定する可能性があります。また、ライブ配信の開催自体は無料で行えるうえ、BASEを利用する場合はお客様の情報の管理やリピート販売にも活用できます。

　一方で、**ライブの準備や長時間の配信には非常に労力が必要です。**また、ライブの視聴者を増やすには他のライブ配信者との競争があり、**見てもらう工夫が重要になります。**

ライブ販売のメリット
- 作品の魅力をリアルタイムで直接伝えられるため、信頼感が高まる。
- 少人数の視聴者でもコアなファンを獲得しやすく、リピーターにつながる。
- 配信自体は無料で行え、BASEを活用すればお客様の情報を管理できる。

ライブ販売のデメリット
- 準備や長時間の配信が必要で、労力がかかる。
- 他のライブ配信との競合が激しく、視聴者を集めるのが難しい。
- 視聴者層が狭く、広いお客様の層へのアプローチには不向き。

ライブ販売に向いている人
- 新作リリースが頻繁にできる人
- 顔出しに抵抗がなく、自分をアピールできる人
- 自身の印象と作品の雰囲気が一致している人
- ライブ映えするデザインの作品を作っている人
- 作品の魅力をわかりやすく口頭で伝えられる人
- 少人数のお客様でも深く惹きつける力がある人
- ライブ配信を視聴したり配信するのが好きな人

ハンドメイドの売り場まとめ

6つの売り場を紹介しましたが、いずれもそれぞれにメリット、デメリット、向き、不向きがあります。自分の得意なことを踏まえて、売れる売り場を見つけましょう。また売り場はひとつに絞らずに、組み合わせて販売することが望ましいです。

特にminne、Creema販売やSNS直販のオンラインでの売り場は、いつでも売ることができるため、オフラインを主戦場とする作家もぜひ取り入れたい販売方法です。

ハンドメイドの6つの売り場まとめ

売り場	オン/オフ	影響力	販売手数料（一例）	商圏	集客	お客様の情報	他作家との比較
委託販売	オフライン	弱	百貨店系 約40～60%、個人店 約20～40%	広い	委託店	持てない	される
イベント販売	オフライン	弱	トータル 約2～3万円	広い	イベント	持てない	される
ポップアップ販売	オフライン	大	会期5日間で出展料6万円、販売手数料20%など	狭い	施設	持てない	されにくい
minne、Creema販売	オンライン	弱	約10%	広い	minne、Creema	持てない	される
SNS直販	オンライン	大	3.6%+40円+3%※	狭い	自己集客	持てる	されにくい
ライブ販売	オンライン	大	売り場による	狭い	自己集客	売り場による	されにくい

※BASEスタンダードプラン／クレジットカード決済・コンビニ決済・Pay-easy・キャリア決済・銀行振込の場合

10 売り場は一度決めたら変えない方がいい？

　売り場の変更を検討する場合、「なぜ今の売り場がうまくいかないのか」を明確にすることが大切です。「今がうまくいっていないから」と理由なく変えるのではなく、売り場の特性や改善点を見直し、続けることで学べることも多くあります。

　例えば、minneでの経験がBASEを使って開設したネットショップに活きることや、ライブ配信で磨いたトーク力がイベント販売で役立つこともあります。**ひとつの売り場と向き合い、成功させた経験は、他の売り場にも応用できる可能性が高いです。**

　ただし、オフラインのみの販売者がオンラインを追加するなど、**補完的な方法として新しい売り場を加えるのは有効です。**オンライン販売は、時間や場所の制限が少なく、特にイベントが難しい時期や夜間でも販売が可能な点で強みがあります。

B面からのアドバイス
- 売り場は時代によって変化する！現在はオンラインを重視する時代。
- minneやCreemaは集客力があり、自己集客だけでは売れにくくなるリスクがある。
- 一度決めた売り場は、短期間で諦めず、改善を続けてから判断すべき。

あなたに合ったハンドメイドの売り場が見つかる
ハンドメイド売り場診断をp.182のQRコードから試せます！

11 本業を目指す？ ⇄ 副業を目指す？

　ハンドメイド作家には、本業として取り組む人と、副業として始める人の2つのスタイルがあります。それぞれに向き・不向きがあるため、**自分の状況に合った選択**が重要です。

本業に向いている人
- 自分の好きな時間に行動したい人
- リスクを楽しみながら挑戦できる人
- 自分で売り上げを作っていく意欲がある人

本業に不向きな人
- 誰かに指示を受けないと動けない人
- リスクを楽しめず、不安に感じる人

副業に向いている人
- バランスを保ちながらリスク分散して働きたい人
- 本業で得た経験やスキルを活用したい人
- 扶養範囲内で働きたい人

副業に不向きな人
- ONとOFFの切り替えが苦手な人
- 本業が忙しく、余裕がない人
- 家族が非協力的でサポートを受けられない人

COLUMN

ブームにのるべき？ のらないほうがいい？

　2020年はじめにコロナ禍が起こった頃、マスク不足が深刻になりました。そのため布マスクを手作りして販売する作家が増え、ハンドメイド市場では布マスクが爆発的にヒット。アクセサリーや雑貨を得意としている作家以外も、布マスクを作って販売し始めました。

　これは売り上げを上げるチャンスだと、多くの作家が先を見込んでガーゼなどの布マスクの材料を大量に仕入れます。しかし数ヶ月経つと紙マスクの供給も少しずつ追いつき始め、布マスクは本当に効果があるのかと話し合われるようになったのです。その結果、夏を過ぎる頃にはハンドメイドの布マスクは売れなくなり、布マスクを作る材料だけが手元に大量に残った作家も多くいました。

　結局、布マスクの販売はした方がよかったのか、そうでないのか。私はやらない方がよかったと思っています。**布マスクが売れていたのはその時期に供給が少なかったからであり、なぜ売れているのか理解したうえで販売するのであれば問題ありません。**しかし、**何も理解せずに「儲かりそうだから」、「ブームだから」という理由だけで始めるのは危険**。購入しているのは「この作家の作品が好き」という思い入れのあるお客様ではなく、「マスクがないからなんでもいいから欲しい」と思っている人たちです。そのため、**リピーターになってくれるようなことも、ほとんどありません。**

　もし「今、これを作れば売れる」という作品があっても、**どうして世間で需要が高まっているのか**、きちんと考えてから始めたほうがいいでしょう。

第3章

ハンドメイド版
価格設定の極意

作家もお客さんも満足する

1 作品の値段は自由に変えることができる

みなさんは、ハンドメイド作品の販売価格をどうやって決めていますか？

日本では、商品にはあらかじめ価格が設定されており、値札（正札）がつけられています。この「正札」とは、正しい価格を商品につけた札のことで、これを用いて販売するのが「正札販売」です。この方式は日本ではじめて1673年に呉服商の越後屋（現在の三越）が導入したと言われています。以降、正札販売が主流となり、日本では商品を交渉で値引きする文化は市場などを除いてほとんど見られませんでした。

一方、海外ではマーケットで交渉するのが一般的で、最初に提示された価格の半額で買えたという話もよくあります。

しかし、日本でも2019年頃から**需要に応じて価格を変えるダイナミックプライシング**が注目され始めました。交通機関では、お盆や年末年始などの繁忙期には価格が上がり、閑散期にはリーズナブルに利用できる仕組みが広がっています。これはホテルやアミューズメントパーク、生鮮食品でも採用されており、ハンドメイド作品にも応用可能です。

ハンドメイド作品の価格は作家自身が決められるため、ずっと同じ価格で売り続ける必要はありません。例えば注文が増えてきたタイミングで価格を上げるなど、自由に調整できます。私も数量でカバーできない分、値上げして対応したことがあります。

2
最初にやりがちなNGな価格のつけ方

他の作家に合わせる

　ハンドメイド作家を始めたばかりの頃、ついやりがちなのが、自分と近いジャンルの作品を参考に価格を設定することです。他の作家より少し安い価格をつけるのが暗黙の了解のようになっていますが、これにはなんの根拠もありません。**このような価格設定が続くと値崩れが起き、作品の価値が下がってしまいます。**

原価の3～4倍で決める

　原価を基準に価格を設定するのも多くの作家がやりがちな方法ですが、これもNGです。例えば絵画の場合、キャンバスと絵の具の原価は非常に低いにもかかわらず、ときには数十億円で取引されることがあります。**原価にとらわれず、作品の価値に見合った価格を設定することが重要です。**

3 安売りしてはいけない8つの理由

　先に触れた通り、特にハンドメイド作家を始めたばかりですと作品の価格を低く設定しがちですが、安売りはしてはいけません。以下で、その8つの理由を解説します。

① お金が手元に残らなくなる

　ハンドメイド作品には材料費以外にも販売手数料や梱包費、広告費、発送費など、見えないコストがたくさんかかります。安価に設定すると、**これらを差し引いた後の利益がほとんど残らず、新しい材料など次の制作への投資が難しくなります。**その結果、活動の幅が狭まり、成長やブランドの進化が止まってしまう恐れがあります。適正な価格をつけることは、作家自身が無理なく活動を続けるためにも必要不可欠です。

② 値引きがクセになって定価で売れなくなる

　頻繁な値引きは、お客様に「どうせ値引きされる」と思わせ、定価で購入してもらえなくなる原因になります。さらに、値引きに頼った販売を続けると、ブランドのイメージが「値下げ前提の作品」という印象に固定されてしまいます。**値引きは特別なキャンペーンや在庫整理など、戦略的に使うことが大切で、むやみに行うと、長期的には売上の減少を招く可能性があります。**

③ 安物作品を売る作家だと思われる

　価格が安いと、作品の価値そのものを低く見られることがあります。特にハンドメイド作品は目利きが難しいため、「価格が高い＝よいもの」というイメージを持つお客様も少なくありません。**適正な価格を設定することで、お客様に「この作品は特別な価値がある」と納得してもらえ、購入後の満足感にもつながります。**逆に、安価な設定では作品の魅力が伝わらず、購買意欲を損なう恐れもあります。

④ 客質が低下してクレームが増える

価格が低すぎると、お客様が作家や作品に敬意を払わないケースが増えます。安い価格を理由に無理な要望や短納期を求められたり、購入後に過剰なクレームを言われることもあります。しかし、**価格を適正に設定すると、作家へのリスペクトを持つお客様が増え、円滑なコミュニケーションが可能になります**。適正価格は、単に利益を確保するだけでなく、お客様との健全な関係を築くためにも重要です。

⑤ もっと安い作品が出てくるとお客様がいなくなる

他の作家が自分の作品を真似し、さらに低価格で販売すると、**価格競争に巻き込まれてしまいます**。その結果、自分の作品が割高に見られ、購入されなくなるリスクがあります。また、**安価な作品が増えると、全体的な市場の価値が下がり、本来のクオリティや独自性が伝わりにくくなることもあります**。こうした負のスパイラルを防ぐためにも、適正価格を守ることが大切です。

⑥ 値下げをするとファンが離れる

値下げを頻繁に行うと、過去に定価で購入してくれたお客様に「今までの価格は何だったのか」と思わせ、不満や不信感を抱かれることがあります。**特に長く応援してくれるファンにとっては、価格の変動がブランドへの信頼に直結します**。適正価格を維持し、値下げのタイミングを慎重に選ぶことが、ファンとの信頼関係を保つポイントです。

⑦ 高値で売る工夫が生まれない

安売りを続けると、作家自身の中に「安いからこれでいい」という意識が生まれやすくなります。その結果、作品のクオリティや独自性を向上させる努力が減り、ブランドとしての成長が止まってしまう恐れがあります。**一方、適正価格で販売することで、クオリティやブランド価値を高めようとする意識が芽生え、結果的に作品の魅力をさらに引き出せるようになります**。

⑧ 富裕層の目に届かない

　最近では、ハンドメイド作品を高品質なアート作品や特別な贈りものとして購入する富裕層が増えています。しかし、価格が安すぎると「自分が探しているレベルの作品ではない」と判断され、そもそも目に留まらなくなる可能性があります。**適正価格を設定することで、こうした層にもアプローチでき、より幅広い層のお客様を引きつけることができます。**

4 作品単価×注文点数だけでなく客単価も意識する

　ここまでの話から、作品の価格を上げると売上が上がると考えがちですが、それだけではありません。**売上は、客単価（一人のお客様が支払う金額）×注文者数で決まります**。一人当たりの客単価が5,000円で、20人の注文があれば売上は10万円です。**客単価を意識することが重要**です。

一ヶ月の売上のイメージ

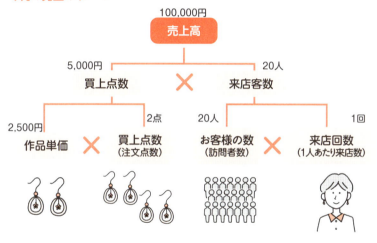

　例えば2,500円のピアスを2つ購入してもらえれば、客単価は5,000円に達します。多くの作家は作品単価を意識していると思いますが、客単価までしっかり考えている人は少ないのではないでしょうか。
　実は売上アップの鍵を握るのは客単価です。ハンドメイド作家は基本的に一人で活動しており、制作だけでなく多くの作業をこなしています。作業は注文数が増えるほど負担が増し、作業量が膨大になることもあります。そのため、**注文者数を増やすのではなく、客単価を上げることを目指すのがおすすめです**。作品単価を引き上げたり、一人のお客様に複数の作品を購入してもらえるように工夫することで、発送件数や作業量は変わらないのに、売上を効率よく伸ばすことができます。

知覚価値法で価格を決める

　他の作家を参考にするのも、原価から価格を算出するのもNGだとすると、どうやって価格を決めればよいのでしょうか？ そこでおすすめしたいのが、「知覚価値法」です。

　知覚価値法とは、お客様が考える商品価値、つまり「いくらなら買いたいと思うか」を基準に、その価格と原価の間で販売価格を設定する方法です。この方法は、ハンドメイド作家としてプロを目指す人に特におすすめです。実際、私もこの方法を用いて価格を決めています。

知覚価値法のイメージ

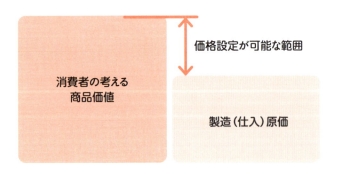

6 PSM分析で適正価格を見つける

　知覚価値法を実践するためには、**お客様の声を基に商品の適正な価格を調査することが重要**です。これは**「PSM分析」**で調査することができます。

　PSM分析は、以下の4つの価格を探ることで行います。

1. 下限価格：「安すぎて品質が心配」と感じ、買わなくなる価格
2. 最適価格：「高すぎる」と「安すぎる」の抵抗感が最も少ない価格
3. 妥協価格：「これくらいなら仕方ない」と受け入れられる価格
4. 上限価格：「これ以上高いと買えない」と思われる価格

お客様への質問例

　これらの価格を調べるために、以下のような質問をしてみてください。

① この作品はいくら以下だと「安すぎて品質に不安がある」と感じますか？
② この作品はいくら以下だと「安い」と感じますか？
③ この作品はいくら以上だと「高い」と感じますか？
④ この作品はいくら以上だと「高すぎて買えない」と感じますか？

　例えば、質問に対する回答の平均値が以下のように出たとします

下限価格：1,000円（①の質問の平均値）
最適価格：4,500円（①と④の質問のそれぞれの平均値の中間の価格）
妥協価格：5,500円（②と③の質問のそれぞれの平均値の中間の価格）
上限価格：8,000円（④の質問の平均値）

　この場合、お客様が受け入れる価格の幅は1,000円〜8,000円となりま

す。ただし幅が広すぎると価格設定が難しいため、最適価格（4,500円）を基準にし、妥協価格（5,500円）の範囲で価格を設定するのがおすすめです。

※なお、本書では便宜上、妥協価格を5,500円としていますが、厳密には「安すぎて品質が心配と感じる価格（下限価格）」と「これ以上高いと買えないと感じる価格（上限価格）」の交点を求める必要があります。実際の分析では、単純な平均値ではなく、回答データの分布や価格受容曲線の交点を考慮することで、より正確な妥協価格を算出できます。そのため、実際の価格設定では、PSM分析のグラフを作成して、データにもとづいて調整することをおすすめします。

7 データ収集の方法

　調査方法は、**LINE公式アカウントの投票機能やInstagramのストーリーズアンケート機能、SNSでのコメント募集**などさまざまです。作品が未完成の場合は、「こういう作品を作る予定」と事前に説明し、意見を集めるのもよいでしょう。

　もしフォロワーが少なく、意見を集めるのが難しい場合は、モニター企画を実施する方法もあります。作品をプレゼントし、感想とともに価格についての質問に答えてもらいましょう。このとき、**できるだけ自分のペルソナ（ターゲット像）に近い人にお願いすることが大切**です。そうすることで、有益なデータを集めることができます。

作品の上手な売り方テクニック

　価格が決まったら、ただ売り場に作品を並べるだけでなく、購入してもらいやすくなる工夫を取り入れることが大切です。ここでは、効果的な売り方のテクニックをいくつか紹介します。

松竹梅効果

　松竹梅効果とは、価格を3段階に分けることでお客様が真ん中の価格帯を選ぶ傾向を利用した手法です。「一番安いと品質が心配、一番高いのは贅沢。だから真ん中にしよう」といった心理を引き出します。

　例として、2,000円、5,000円、8,000円の3つの価格帯の作品を用意するとします。この場合、真ん中の5,000円が売れやすくなるよう、作品や説明文に工夫を加えるのがポイントです。

　重要なのは、価格を決めてから作品を作ること。「売りたい価格」を真ん中に設定し、その価格帯の作品を中心に用意します。安い作品（2,000円）と高い作品（8,000円）は真ん中の作品を目立たせるための比較対象として配置し、3つの価格帯の作品が横並びで見えるように展示するのが効果的です。

アンカリング効果

　アンカリング効果とは、お客様が最初に見た数字や条件に影響を受け、その後の判断が変わる心理的な作用のことです。同じ作品でも「最初に10,000円だったものが半額になる」という条件を提示すると、「お得だから買いたい」と思ってもらいやすくなります。

　この効果を活用するためには、**価格を下げたことをしっかりアピールすることが大切です**。例えばCreemaでは、価格を下げた場合にアラート表示が出る機能がありますが、それ以外のプラットフォームではSNSなどを活用して「特別価格」を宣伝するのが効果的です。
　私はこの方法をよく活用しますが、利益を確保するために、最初から少し高めの価格を設定し、値引き後も採算が取れるように工夫しています。ただし、値下げを頻繁に行うとお客様の不満につながるため、慎重に行うことが重要です。

　また、**早割特典もアンカリング効果を利用した手法です**。例えば、夏の花火大会にぴったりのピアスを6月に「10%OFF」で販売することで、**繁忙期の注文を分散し、制作の負担を軽減できます**。お客様にとっても「早く買えばお得」と感じてもらえるため、双方にメリットがあります。

セット売り

　単品販売だけでなく、関連作品をセットにして販売することで、**客単価を上げる方法**です。例えばピアスと同じシリーズのネックレスをセットで提案したり、ギフトボックスにまとめて販売することで、より高い価格で購入してもらえる可能性が高まります。

　特にギフト需要の高まりを意識すると、セット提案は非常に効果的です。また、「〇〇円以上で送料無料」などの特典を設定することで、セット購入を促進できます。この際、目標とする客単価を送料無料特典の価格ラインに設定すると効果的です。

オプションをつける

　作品に付加価値を加えるオプションを用意することで、客単価を引き上げる方法です。例えば以下のようなオプションが考えられます：

- **名入れ**：特別感を演出し、プレゼント需要にも対応。
- **カスタマイズ**：チェーンの長さやカラー変更など、選択肢を増やす。
- **ギフトボックス**：プレゼント用の包装を有料オプションに。
- **お急ぎ便**：指定の期日までに配送する特急オプション。

　こうしたオプションは、お客様に「自分だけの特別な作品」を提供する感覚を与えます。また、特定のイベントシーズン（母の日やクリスマス）には特に需要が高まります。

9

真似されても価格を下げてはいけない

　ハンドメイド作品は、誰でもひとつひとつ手作りで生み出すため、完全に真似を防ぐことは難しいものです。人気作品が生まれると、それを参考にしたり、模倣した作品が市場に出回ることはよくあります。そして、模倣者はオリジナルよりも安い価格を設定して販売することが多いです。

　この状況に直面すると、「自分の作品も価格を下げなければ売れないのでは？」と不安になる作家も多いでしょう。しかし、**価格を下げる必要はありません**。オリジナルを作った作家は、その作品に込めたアイデアや独自の価値をしっかりと理解しているため、次の新しい作品を生み出す力があります。一方で、模倣者は同じアイデアを繰り返すだけで、長期的には新しい発想が枯渇してしまうのです。

　また、真似された作品は、往々にしてオリジナルよりもクオリティが低いことが多いです。そのため、目の肥えたお客様にはすぐに違いがわかります。例え一時的に模倣品が売れたとしても、その作家が新たなお客様の層を築くことは難しいでしょう。**オリジナル作品を持つ作家には、模倣に惑わされず、自分の作品やブランドの価値を信じる強さが求められます**。

　さらに、真似されたからといって価格を下げると、お客様に「この作家はクオリティを保てていないのではないか」と思われるリスクもあります。**価格を下げるのではなく、むしろ模倣品との差別化を図るために、ラッピングや作品説明、付随サービスなどでさらに価値を付加するのがおすすめです**。作品の価格は、作家の自信とブランド価値を示すひとつの指標です。だからこそ、真似されることを恐れず、価格を下げずに前に進んでいきましょう。

10 みんなで販売価格を上げよう

ハンドメイド作品の価格について、かつては「安売りするのが正義」という風潮が根強くありました。趣味として始めた人が多かった背景もあり、作品の価格設定に利益を考慮しない作家も少なくありませんでした。また、SNSなどで作家同士が監視し合い、「同じパーツを使っているのに、あの人は私より高く売っている」などと噂されることも。こうした状況は、作家同士が互いに値下げを促す悪循環を生む原因になっていました。

しかし、**ハンドメイド作品をプロとして販売していくためには、適正価格で利益を確保することが不可欠です**。作品を販売することで利益を上げ、その利益を次の作品づくりやブランド強化に投資していく。それこそが**プロの作家としての成長**につながります。

私自身も、ハンドメイド作品の価格について悩んだ時期がありました。そこでSNSで、「みんなで勇気を出して販売価格を上げませんか？」と発信したところ、多くの作家から賛同の声が寄せられたのです。この取り組みをきっかけに、「**ハンドメイド作品の価格設定は自由でいいんだ**」という考えが徐々に広がり、「どうやって値上げしたらいいのか」という相談を受ける機会も増えました。

価格を上げることで、確かに一部のお客様は離れるかもしれません。しかし、**それ以上に作品や作家自身を大切に思ってくれる質の高いファンが残りやすくなります**。価格を上げることで**作家自身も余裕が生まれ、梱包やラッピング、作品説明の改善、さらにプロのカメラマンによる写真撮影などに投資することが可能になります**。結果的に、ブランド全体のクオリティを向上させることができ、より多くのお客様に満足してもらえるようになるのです。

さらに、**価格を上げることは、ハンドメイド作品全体の市場価値を守ることにもつながります。**作家同士が価格競争に陥るのではなく、適正価格で販売する文化を共有することで、ハンドメイド作品の魅力を正しく評価してもらう環境が整っていくでしょう。

　価格を上げることに対して不安を感じることは当然です。しかし、価格を上げることは、作家自身と作品の価値を信じる第一歩です。**「この価格に見合う作品を提供できている」**と胸を張って言えるようになれば、さらに多くのお客様に支持されるブランドへと成長できるはずです。

　価格を上げることを恐れず、勇気を持って自分の作品の価値を広めていきましょう。

　なので、みなさんも価格を上げることを恐れないでください。

COLUMN

ギフト利用の増加は売り上げUPのチャンス

　ここ数年、ハンドメイド市場ではギフト利用の需要が非常に高まっています。Creemaやminneではギフト特集が頻繁に組まれ、私が利用している販売サイトでも、「ラッピングの写真を見たい」「ギフト利用なので納品書を入れないでほしい」といった要望がよく寄せられます。そのため、**最近では作品ページにラッピングの写真や説明文を掲載し、お客様の不安を事前に解消する工夫をしています。**

　ギフト利用は単価が高くなる傾向があり、作家にとって大きなビジネスチャンスです。ギフトのお客様は、3,000円、5,000円、8,000円といった価格帯で作品を検索することが多く、安価なものが選ばれることは少ないです。むしろ、比較的高単価な作品が反応を得やすいのが特徴で、3点セットなどのギフトボックスは特に人気があります。これにより客単価が大幅に向上するケースも珍しくありません。

　さらに、ギフト利用のお客様は「いつでもよい」ではなく、**納期を急いでいる場合がほとんどです。**そのため、販売ページで**「納期が早い」「ギフト対応可能」といった情報をしっかりアピール**することで、選ばれる可能性が高くなります。
　ギフト需要を上手に取り込むことで、売り上げUPにつなげられるチャンスを逃さないようにしたいですね。

第4章

ネットで売れる仕組みを作る

minne・Creema・BASE・
SNSの活用法

1
24時間365日販売できるのが オンライン販売の魅力

　2章で学んだように、オンライン販売にはminne、Creema、SNS直販、ライブ販売などの販売方法があります。この中でも**minne、Creema、SNS直販は24時間365日、作品を販売できることが最大の魅力**。欲しいと思ったらタイムラグなく、気軽に購入することが可能。例え自分が寝ているときや遊んでいるときでも、全世界から作品を買ってもらうことができます。

　イベントやポップアップのように開催日時が決まっているわけではないので、発売日や納期を自由に設定できるのもいいところ。副業や兼業、子育て中の人もオンラインであれば、販売がしやすいと言えます。

　また、**minne、Creema、SNS直販はお客様に顔を見せる必要がないので、作家としてのキャラクターを作りやすい面もあります**。作家がどういう人であろうとペルソナに合ったキャラ設定にすれば、ブランドイメージが作りやすいです。副業で顔出しできないという人にも向いていると思います。

　デメリットは作品を手に取って、直接お客様に見てもらうことができないこと。試着などができないため**写真が非常に重要**で、購入するかどうかの判断の8割は写真で決まると私は思っています。写真の撮り方については、5章で詳しく説明をします。

　また、お客様との距離が遠いのも難点。オンラインだと一人ひとりのお客様に踏み込みづらい分、コアなファンになってもらうのがなかなか難しく、ファンを獲得するまでに時間がかかることもあります。

2 オンライン販売のお客様の購入パターン

　本章では、minne、CreemaやBASEなどのネットショップを利用した場合に、お客様が作品を購入するまでの流れを紹介します。これを理解しておけば、売り場を作る際にどこに重点を置くべきかが明確になります。

1 SNSやminne、Creemaで興味を引く作品を見つける

　お客様がSNSやminne、Creemaで主に目にするのは、**写真と作品タイトル**です。

　タイトルが「シルバー925のブレスレット」といった事実のみを伝えるものでは、興味をそそられず、クリックされにくい傾向があります。

　おすすめは、「これはなんだろう？」と思わせるタイトルをつけること。自分だけの造語を使ったり、「星の涙のガラスピアス」のように、小説のタイトルのようなシーンを想像させる表現が効果的です。事実については説明文で詳しく伝えれば十分です。

2 作品ページを見に行く

　写真やタイトルが気になったお客様は、作品ページを訪れます。ここでは、**主に説明文と価格を確認しますが、やはりお客様が最も注目するのは写真です**。

　説明文では、作品タイトルの内容を補足しつつ、以下のような事実をきちんと伝えることが大切です。

- サイズ、素材、使い方、注意点を明記する。
- 短く簡潔に書き、スマホ閲覧時に何度もスクロールする必要がないようにする。

クレームを防ぐためにも、注意書きを丁寧に記載するのが重要です。ただし、「ノークレームノーリターン」や「完璧を求める方はご遠慮ください」といった厳しい表現は、お客様離れにつながるので避けましょう。

3 作家のプロフィールを見に行く

多くの作家が「お客様はプロフィールを見て購入する」と考えていますが、**実際にはプロフィールを見ずに購入するお客様も少なくありません。**

そのため、作品説明文に簡単な自己紹介を少し加えておくことをおすすめします。

4 購入前にレビューをチェックする

ハンドメイド作品に限らず、**オンラインでの買いものではレビューを参考にするお客様が非常に多いです。**さらに、レビューを見る際に、**作家がどのように返信しているか**もチェックされています。

ハンドメイド作品のお客様は、「嬉しかった」「可愛かった」といった感情的なレビューを書くことが多いので、それに合わせた温かみのある返信を心がけましょう。同じ定型文の返信ではなく、会話をする感覚で感謝を伝えると好印象です。

レビューは販売や作品づくりの参考にもなります。「購入したピアスを結婚式に着けて行きました」というレビューから、作品が華やかな場所で需要があると気づくことができ、**次の販売戦略や作品説明に活かせる**こともあります。

悪いレビューをもらうこともありますが、その場合は真摯に受け止め、改善を心がけましょう。重く受け止めすぎず、同じ内容のレビューが繰り返されないよう工夫することが大切です。

5 作品を購入する

　ここまでのステップで納得したお客様は、作品を購入してくれます。購入後、**発送時の梱包が重要なポイント**になります。

　梱包の工夫次第でお客様の印象が大きく変わります。100均の茶封筒に住所を殴り書きして送るような状態では、お客様の期待を裏切りかねません。

　一方、パンフレットやショップカードを同梱し、ブランドの世界観が伝わる丁寧な梱包を心がければ、お客様にわくわく感を与えられます。**梱包は単なる配送手段ではなく、作家にとっての営業チャンスです。**

　ハンドメイド作品を購入するお客様は、「知らない人からよくわからないものを買う」という状態で、不安を抱えていることもあります。その不安を払拭し、期待以上の体験を提供することが、レビュー評価の向上やリピーター獲得につながります。

3
ハンドメイド専門マーケットプレイスの2大巨塔は「minne」と「Creema」

　第2章でも紹介したように、オンラインでの販売を行っている多くの作家が「minne」か「Creema」、またはその両方を利用しています。これらのオンラインマーケットプレイスはCtoC（個人間取引）を可能にし、マーケットプレイス自体が集客を行ってくれるのが大きな特徴です。また、販売手数料が比較的リーズナブルで、管理画面の操作もわかりやすく、初心者でも扱いやすいと言えます。

　とはいえ、「minne」と「Creema」は完全に同じではなく、それぞれ異なる特徴があります。これらを理解し、効率的で効果的な売り場作りを目指しましょう。

　minne、Creema以外にも、台湾に本社を持つ「Pinkoi（ピンコイ）」というオンラインハンドメイドマーケットもあります。アジアを中心とした、ハンドメイドやデザイン作品のマーケットで、特に個性的で高品質なデザインを求める人々に人気があります。

　本社のある台湾の他に、日本や香港、タイなどアジア圏を中心に幅広いお客様の層を持っています。他のプラットフォームに比べてデザイン性やオリジナリティが求められ、ハイエンドな作品が多い傾向にあります。人気のある得意ジャンルはファッション、インテリア雑貨、文房具、ジュエリー、バッグなどです。

　今回はminneとCreemaに絞って売り場作りを解説しますが、ぜひそれらのポイントを応用して、Pinkoiもチャレンジしてみてください。

4 minneの売り場を作ろう

　minneは91万人以上のハンドメイド作家が参加し、1,700万点以上の作品が販売されている大規模なマーケットです（2024年時点）。累計流通額は1,000億円を超え、ハンドメイド販売の中でも特に影響力のあるプラットフォームです。

　minneで取り扱われている作品は、比較的カジュアルなものが多く、平均取引単価は約4,000円。 Creemaと比較するとリーズナブルな価格帯のアイテムが主流です。アクセサリーが主力ジャンルではありますが、ベビー・キッズ作品、素材道具、フラワー、ペットグッズなど、多彩なジャンルが盛り上がっています。

minneに合う作品の特徴

- 明るく快活でわかりやすいイメージの作品
- 利用シーンが想像しやすい作品
- 背景や全体のデザインがカラフルな作品
- 淡いトーンよりもはっきりした色使いの作品
- 手に取りやすいハンドメイドらしさがある作品
- カジュアルで親しみやすい作品

minneの強みと活用ポイント

　minneの強みのひとつは、SNSなど外部サイトとの連携がスムーズであることです。InstagramやLINE、X（旧Twitter）にURLを貼って、簡単にお客様をminneに誘導することが可能です。また、サイト、アプリ内から外部リンクを使用して、自分のSNSやWebサイトにお客様を誘導することもできます。

　このような特性から、SNSを活用して作品を宣伝したい作家や、外部

サイトを併用してブランドの世界観を広げたい作家にとって、大きなメリットがあります。

minneの集客のイメージ

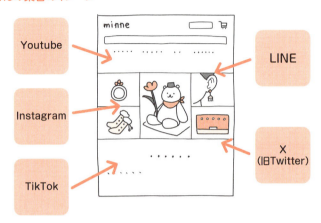

作家ギャラリーTOPを作ろう

作家ギャラリーページは、サイト、アプリ内で作家の名前をクリックすると表示されるページです。このページの上部には、作家の個性やブランドの雰囲気を伝えるためのサブキャッチや、情報発信に使える目立つスペースがあります。

サブキャッチで印象を与える

> 記憶を紡ぐ一枚の物語
> **Threads of Memory デザフェス【O-283】**

　ページ上部には15文字のサブキャッチを入れることができます。このスペースは、お客様が最初に目にする重要な部分です。「ハンドメイド作家」や「アクセサリー作家」といった当たり前の言葉は避け、自分の作品やブランドの魅力を表現できる内容を考えることがおすすめです。

　第1章（p.32）で考えたキャッチコピーをここで使いましょう。例えば、以下のような、唯一無二のキャッチコピーが望ましいです。
- 「思い出の景色を刺繍で再現」
- 「ゆったりサイズで着心地快適」

太字部分でお知らせをアピール

　サブキャッチの下にある太字部分は、屋号やブランド名を記載するスペースですが、自由に変更が可能です。**イベント参加や新作の告知など、重要な情報をここでお客様に伝えることができます。**

例：
- 「〇月〇日にイベント参加」
- 「人気の〇〇を来週再販予定」

　この部分は必ずお客様の目に留まるので、定期的に更新し、最新情報を反映させましょう。

minne特有のギャラリートップリンク

> 物語を紡ぐ特別な世界。お楽しみください。
> 最新情報▷ https://instagram.com/XXXXXXXXXXXX

　写真ギャラリーの上には、minne特有のリンクスペースが設けられています。この目立つ部分には、新作やイベント情報の告知、SNSのURLなどを記載して、外部への誘導を行うことができます。

　ただし、ここが古い情報のままだと「更新がされていない」と見られてしまうため、定期的に最新情報に更新することを心がけましょう。

作家ギャラリーTOPの写真の配置

　お客様はギャラリーページに表示される写真を上から順に見ていきます。そのため、**自分が特に押し出したい作品や売りたい作品の写真を、上部に配置するのがおすすめです。** 写真の並び替えは、管理画面から簡単に操作することができます。

新しい作品を目立たせたい場合は、最新作を上部に配置しましょう。管理を怠ると、人気がある作品や売りたい作品が下の方に埋もれてしまい、お客様の目に留まりにくくなります。また、**季節に合わせた作品を上に持ってくることも大切です。**

　例えば、春になったのに冬の作品が上部に配置されたままだと、ギャラリーが更新されていない印象を与えてしまいます。お客様が常に新しい作品を期待していることを意識し、定期的に写真の配置を見直しましょう。

プロフィールページを作ろう

　minneのプロフィール欄は、自由に記載できる「ショップについて」と「自己紹介」に分かれています。これらの内容は、お客様に作家やショップの印象を与える重要な部分です。**スマホで見たときにスクロールせずに読める200〜400文字程度にまとめるのがおすすめです。** ここでも第1章（p.32）で作成したプロフィールを活かしましょう。

自己紹介：作家自身のことを伝える

「自己紹介」では、作家自身について簡単に説明しましょう。

例：
- 作品に関連する経験（例：「編みもの歴10年」）
- 作家の個性が伝わる内容（例：「3児のママ」）

親しみを持ってもらえるよう、プライベートなエピソードを加えてもよいでしょう。

ショップについて：ブランドの魅力を伝える

「ショップについて」では、写真だけでは伝わらないショップのコンセプトやブランドのイメージを補足します。

例：
- 屋号の由来
- ブランドが目指す理想像
- 第1章で考えたブランドの個性

これらを簡潔に記載し、ブランドを擬人化するような内容にすることで、お客様に親しみやすさを感じてもらえます。

プロフィール欄作成のポイント

- **レビューを参考にする**：レビューに書かれているお客様のコメントや感想を基に、キーワードやフレーズを取り入れるのも効果的です。
- **注意書きは入れない**：作品への注意書きをプロフィール欄に記載している作家もいますが、これが面倒な印象を与える場合があります。**注意書きは、できるだけ作品ごとの説明文に入れましょう。**

プロフィール欄は、作家やショップの第一印象を決める重要な場所です。定期的に内容を見直し、最新の活動やブランドの魅力が伝わるように心がけましょう。

Creemaの売り場を作ろう

　Creemaは、28万人を超えるハンドメイド作家が参加し、1,800万点以上の作品が販売されている大型マーケットです（2024年時点）。アプリのダウンロード数も1,500万回を超えており、minneと並ぶ人気のオンラインマーケットです。

　Creemaでは、洗練されたおしゃれな作品が多く取り扱われており、セミプロやプロ層によるクオリティの高い作品が目立ちます。**平均取引単価は6,000円程度**で、minneよりも高価なアイテムが主流です。アクセサリーとファッションのジャンルが強い一方で、家具や食器などのインテリア作品も充実しています。

Creemaに合う作品の特徴
- 丁寧な暮らしをイメージさせる作品
- 作品だけでなく、着画やシーン全体を想像させる写真を使った作品
- Creemaの「週末花屋」など、季節を感じさせるテーマにマッチする作品
- 淡いトーンや落ち着いた色合いの作品
- 工芸品や家具のように質感を重視した作品
- クールでスタイリッシュな作品

Creemaの強みと活用ポイント

　Creemaは、minneのように外部への誘導ができないのが特徴です。URLをプロフィール欄に記載しても、リンクとして機能せず、ただの文字列として表示されます。そのため、**Creema内でお客様が回遊するのが基本**となります。

　また、Creemaの利用には会員登録が必要なため、購買意欲が高いお

客様が多いのが特徴です。一度売上が上がると**リピーターがつきやすく、売上が安定しやすい点も魅力**です。

Creemaの集客のイメージ

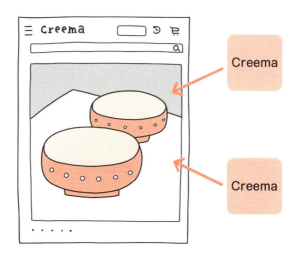

プロフィールページの作成ポイント

　Creemaのプロフィール欄は、minneのように「ショップについて」や「自己紹介」と分かれておらず、**1つのフリースペースとして提供されて**いま**す**。

　そのため、**minne**からコピーして貼りつける場合は、自分で「**ショップについて」や「自己紹介」などの項目を明記し、読みやすい構成にする**ことが重要です。

写真の配置について

　写真の配置に関しても、minneと同様、**新作や注目作品をギャラリーページの上部に配置**するよう心がけましょう。季節に合った作品や売りたい作品を上に配置し、定期的に更新することで、お客様に「新しい作品が常にアップされている」印象を与えることができます。

6 BASEの売り場を作ろう

　minneやCreemaはC to C（個人間取引）のプラットフォームで、集客機能を備えており、膨大な作品の中からお客様が自分の作品を選ぶ形のサービスです。**一方、BASEは決済機能がついたネットショップを作成できるサービスで、自分のブランド専用のホームページを簡単に作成できます。**

　minneやCreemaが「ショッピングモール」だとすると、BASEは「路面店」のようなイメージです。**BASEで作ったネットショップには自分のブランドの作品しか掲載されず、競合ブランドや作品がないため、サイトにお客様を誘導できれば購入される可能性が高いのが特徴です。**

BASEのメリット

- サイトのデザインを自由にカスタマイズでき、ブランドの世界観を表現しやすい。
- 利用できる機能がminneやCreemaよりもリッチで、手数料もリーズナブル。
- 自動返信メール機能があり、大量の注文にも効率よく対応できる。

　BASEで開設されたショップでは、**アクセサリーやアパレルが多く販売されていますが、家具など単価の高い作品も目立ちます。** minneやCreemaは個別にメッセージ対応を行う必要があるのに対し、BASEを使って開設したショップでは**自動返信メールで対応できるため、大量販売を目指す作家**に向いています。

BASEのデメリット

- minneやCreemaのような集客力がないため、何もしなければお客様は来ない。

- 「花の形のピアス」のように検索されても、検索サイトからBASEで開設したショップ内の作品が見つかりにくい。
- SNSからの誘導が必須であり、SNS運用が苦手な場合には成果を出しにくい。
- SNSが得意でもトラブルなどでフォロワーが減ると、売り上げにも影響が出るリスクがある。

　BASEを使って開設したショップで成功するには、**SNSやライブ配信を活用し、積極的にお客様を誘導することが重要**です。そのため、SNS運用に自信があり、効果的にブランドを広められる作家に適しています。

BASEの活用の現状

　最近では、minneやCreemaに加えて、BASEで開設したネットショップも並行して運用する作家が増えています。中には、InstagramとBASEで開設したショップだけで販売を行う作家も多く見られます。

　SNSを活用してお客様を効果的に引き寄せられる作家は、BASEで開設したショップ運営で強みを発揮するでしょう。

7

B面おすすめのBASEでのサイトの作り方

デザインテーマ

URL：https://thebase.com/shopdesign/#template-section

　BASEには無料テンプレートと有料テンプレートが用意されています。**また、BASEには「BASE Apps」という便利な拡張機能があり、ショップに必要な設定をプラスしたり、新しい機能を追加できるのが特徴です。**スマホアプリのように、自分のサイトに合った機能を自由に追加・削除できる点が魅力です。

　ただし、選んだ有料テンプレートによっては、BASE Appsが対応しているものと対応していないものがあります。さらに、最新のBASE Appsの機能は、有料テンプレート側がアップデートに対応していない場合、使用できないというデメリットも存在します。

無料テンプレートの活用

　以前、私は有料テンプレートを利用していました。おしゃれで便利ではあるものの、すべてのBASE Appsが利用できる無料テンプレートの方が柔軟性が高いと感じたため、無料テンプレートに移行しました。

　無料テンプレートを選べば、自分好みにデザインをカスタマイズすることが可能です。特に、以下のテンプレートが使いやすいと感じています。

- ACCENT
- CLASSY
- STANDARD
- SIMPLE

　シンプルで洗練されたデザインを重視する場合、STANDARDやSIMPLEが特におすすめです。

ポイント

- 無料テンプレートを活用することで、すべてのBASE Appsに対応可能。
- テンプレート選びは、使いやすさや更新対応状況を確認して慎重に選ぶ。
- デザインはシンプルにまとめつつ、ブランドの世界観を反映させる。

スタイル

　サイトカラーは、ブランドイメージに合った色をベースにまとめることで、統一感のある美しいサイトに仕上がります。BASEには、AIがカラー提案をしてくれる「BASE AIアシスタント」という機能があるため、色選びに悩んだ際には活用するのもよいでしょう。

　フォントも選択肢が多いですが、主役はあくまで作品です。そのため、**あまり個性的すぎるフォントは避けるのがおすすめです。**以下のフォントが無難で見やすく、ブランドイメージを損なわないでしょう。

- ゴシック体：Noto Sans JP
- 明朝体：Noto Serif JP

シンプルで読みやすいフォントを選ぶことで、**作品が引き立つサイトデザイン**になります。

背景

背景も作品を引き立たせる重要な要素です。**主役はあくまで作品なので、柄が目立つ背景や主張が強い色は避けるべきです。**

おすすめの背景色はシンプルな白です。minneやCreemaでも、サイト、アプリ内の背景色は白が基調となっており、作品を引き立てる工夫がされています。同様に、BASEでも白をベースにした背景を選ぶことで、作品そのものの魅力を際立たせることができます。

デザインパーツ

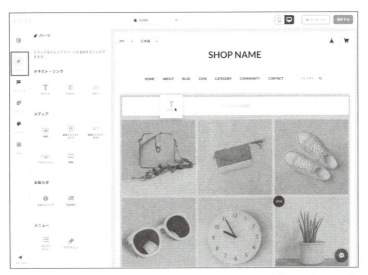

URL：https://help.thebase.in/hc/ja/articles/900003045466--デザインパーツの使い方-について教えてください

BASEでは、パーツメニューを使ってサイトを簡単にカスタマイズできます。操作はドラッグ＆ドロップで直感的に行え、「テキスト」「画像」「SNSバナー」「ピックアップ商品」など、さまざまなパーツを組み合わせて構成します。ただし、すべてのパーツを入れる必要はありません。

　私自身は、BASEの有料テンプレートや他の作家が過去に作成した事例を参考にしながら、自分に合ったパーツで構成するようにしています。**頭の中で考えすぎず、サンプルを見ながら**構築していくと、**完成イメージが掴みやすくなります**。

商品リスト

　BASEで開設したショップでの販売は、スマホで見るお客様がほとんどを占めます。そのため、**管理画面の「スマホ表示」タブを活用し、スマホ画面でどのように見えるかを確認しながら配置を考えるのが重要**です。お客様が**ストレスなく閲覧できる構成**を目指しましょう。

　商品リストの並べ方に決まったルールはありませんが、**自信のある作品や売れ筋、新作は上部に配置**するのがおすすめです。

　さらに、BASEで開設したショップだけでなく、minneやCreemaでも販売している作家も多いことを考慮すると、**スマホ表示のレイアウトを2列に設定するのが無難**です。minneやCreemaの2列レイアウトに合わせることで、お客様に違和感を与えない統一感のある見せ方が可能になります。

B面おすすめのBASE Appsの拡張機能

おみせコネクト
→LINEの友だちとBASEのお客様情報を紐づけることができる機能です。LINEメッセージの配信を活用して、売り上げアップを目指せます。

レビュー
→ショップの商品ページにお客様のレビューを表示できます。お客様の声を可視化することで、ショップの信頼性や購買意欲を高める効果があります。

Instagram販売
→BASEの商品とInstagramを連携し、Instagramにタグづけした作品から直接BASEの商品ページに移動できます。

商品検索
→ショップ内の商品をお客様がキーワードで検索できる機能です。商品が簡単に見つけられるようになります。

英語・外貨対応
→ショップ内の表示文字を英語に切り替えることができます。34か国の外貨表記にも対応しており、海外のお客様の獲得に役立ちます。

メンバーシップ
→入会したお客様に限定メールマガジンやクーポンを届けられる機能です。お客様との関係を深めたい方に最適です。

メールマガジン
→6種類のレイアウトテンプレートと配信日時を設定するだけで、対象のお客様に無料でメールマガジンを配信できます。

Blog
→インストールするだけで、ショップにブログを追加し、作成や公開が可能になります。新商品紹介やブランド背景の発信に便利です。

ブロックリスト
→登録されたお客様からの注文を自動的にブロックする機能です。悪質なキャンセルやトラブルの防止に役立ちます。

カテゴリ管理
→商品を大・中・小の3段階でカテゴリ分けできます。これにより、お客様が目的の商品を簡単に見つけられるようになります。

売上データダウンロード
→選択した期間のショップの入出金データをCSV形式でダウンロードできます。経理業務を効率化したい方におすすめです。

アンケート
→購入後のお客様にアンケートを実施できる機能です。テンプレートから簡単に作成でき、購入完了画面にアンケートリンクが自動で表示されます。

メッセージ
→管理画面上でお客様とのやり取りが可能です。リアルタイムでのコミュニケーションがしやすくなります。

CSV一括発送
→複数の注文を一括で処理し、発送作業を効率化できます。大量注文の対応に便利です。

クーポン
→割引や値引きなどのショップ専用クーポンを作成し配布できます。新規のお客様の獲得や販促活動に役立つ機能です。

予約販売
→入荷前の商品を先行販売する機能です。予約注文を受けつけることで、制作や準備に余裕を持たせられます。

再入荷自動通知
→在庫切れ商品の再入荷リクエストを受けつける機能です。再入荷時に希望者に自動でメール通知を送信します。

販売期間設定
→販売予告を商品ページに表示し、設定した日時に自動で販売を開始できます。販売前から商品の紹介が可能になります。

お知らせバナー
→ショップの目立つ位置にキャンペーンやクーポン情報を表示できる機能です。期間限定のお知らせなどを効果的にアピールできます。

商品オプション
→商品ごとにギフトラッピングや名入れ、カスタマイズの選択肢を設定できます。お客様のニーズに応じたサービス提供が可能です。

ラベル
→全240パターンの色や形から選べるラベルを商品画像に追加できます。新商品やセール情報を効果的に目立たせることができます。

送料詳細設定
→商品ごとに配送方法や送料を細かく設定可能です。購入金額に応じた無料配送設定も行えます。

SEO設定
→検索エンジンでショップを上位に表示させるための設定ができます。検索キーワードやページ説明をカスタマイズ可能です。

BASEロゴ非表示
→ショップのBASEロゴを非表示にできる機能です。オリジナリティを高めたい方におすすめで、有料デザインや「HTML編集App」との併用が効果的です。

売り場に誘導するためのSNSを作ろう

BASEを運営している人はSNSからお客様を誘導するのはもちろん、**ハンドメイド販売とSNSは切り離すことはできません。**集客をしっかりするためにも、SNSを上手に活用しましょう。

Instagram運用においての重要ポイント

① フォロワーからのシグナルを溜める

Instagramにはさまざまな機能が搭載されており、アカウントに対する反応を高めることが大切です。**そのためには「いいね」「保存」「コメント」がつくような投稿を意識することが重要です。**特に「保存」を増やすことが鍵になります。

反応が高まると以下のような効果があります。

- アカウントの滞在時間が長くなることで、アルゴリズム的に優秀と判断される。
- おすすめや検索画面で表示されやすくなり、多くの人に触れてもらえる。

滞在時間を伸ばすためには、**複数写真のスライド投稿や、リール動画を活用する**のがおすすめです。また、DMやコメントが来た場合には、**丁寧に返信する**ことでお客様とのコミュニケーションを深めることができます。

さらに、**ストーリーズを活用し、質問を投げかけたりアンケートを取る**など、**アクションを促す仕掛け**を行うのも効果的です。これらの取り組みにより、フォロワーからのシグナルを着実に溜めることができます。

②最重要指標である「保存数」アップを狙う

　Instagramのアルゴリズムでは、**保存数が非常に重要視されます**。お客様が「**後で見返したい**」「**役立つ**」と思う投稿を作ることがポイントです。

　保存数を増やすためには、質の高い投稿を心がけましょう。関心が高い投稿や質の高い投稿は、以下の点に留意して作成するとよいです。

シグナルを溜めるために意識すべきポイント

コンテンツへの関心の高さ
- きれい
- おしゃれ
- かわいい
- かっこいい

投稿の質の高さ
- タメになる
- はじめて知った
- 行ってみたい
- やってみたい
- 誰かに教えたい

質の高い投稿のポイント

1.コンテンツの魅力
- 知識やノウハウを提供する情報系コンテンツ。
- 参考になる情報や体験談を共有。

2.投稿の視覚的な工夫
- 写真に文字を入れることで視認性を向上させる。
- 必要最低限の情報を簡潔にまとめる。

具体例:保存されやすい投稿の内容

- 知識・ノウハウ系情報：参考になる作品制作のポイントやコツ。
- 体験系情報：お客様の購入後のレビューや活用例。
- 視覚的に美しい投稿：見やすい写真や色使い。

　投稿が長文になりすぎると読まれにくくなるため、**要点を簡潔にまと
める**のがコツです。

9 Instagramの上手な運用方法

　私の知り合いの中で、Instagramを上手に活用しているハンドメイド作家の方々がいます。ここでは、その方たちの実際の取り組みを事例としてご紹介します。今すぐ真似したい工夫ばかりです。

ハーバリウム作家　Aさん
オンライン販売メイン

> 作品を買ってもらうために大切にしている3つのこと
> 1. 制作過程や作品への想いをリールにする。
> 2. お客様とのコミュニケーションを大切にする。
> 3. 作品を「売るため」ではなく「知ってもらうため」の運用を心がける。

フィード投稿の工夫

　リールは動画が短いため、お客様のペースで知ることや深掘りすることが難しいです。そのため、**リールで伝わり切らないことを補足するイメージで投稿を作っています**。具体的には、リールでカットした部分を倍速にせず入れたり、360度ゆっくり作品が見られる映像を1〜2枚目に差し込むようにしています。

　写真も複数のカットを5枚以上必ず入れて、カルーセル投稿を心がけています。**トップの写真は自分の作品とすぐにわかってもらうために、構図はあまり変えないように意識しています**。投稿は、世界観を作り込んだ作品写真や作品のアップ写真、自宅で飾った感じがわかるように木の板の上で撮ったシンプルな写真が多いです。撮影小物もほとんど変えませんが、季節物の新作の場合は「今までとは違う！」と目を引くよう

に、小物や背景を変えたりしています。また、定期的にカタログのように楽しめる投稿をアップしています。

オーダーメイドの作品事例も兼ねられるように、「同じ色味」や「材料の特長」などテーマを絞り、ひとつの投稿に異なる作品を10枚以上入れて、カタログのようにスライドして楽しんでもらっています。

ストーリーズ投稿で工夫していること

新作のアンケートを取ったり、色の好みを聞いたりといった方法で、お客様とのコミュニケーションに役立てています。また、撮影中のちょっとした失敗や悩み、リール撮影の裏側、まだ構想段階のアイデアや材料のみの写真などもストーリーズに掲載しています。これによって、**「作家の頭の中をのぞいている」**ようなわくわく感をお客様に感じてもらえるよう意識しています。

お客様から感激のメッセージや評価をもらったときは、それをストーリーズに貼りつけ、**お礼や感想**を伝えるようにしています。こうした投稿は後でハイライトにまとめて保存しています。また、minneやCreema

の特集に掲載された際には、「見て見て！ 載ったよー！ すごくない？ みんなが見てくれているおかげー！」と、友だちに話しかけるようなテンションでお知らせしています。

　リールや投稿のシェアが単発で終わらないように、**ストーリーズで紹介の理由を書くことも意識**しています。数枚にわたって日ごろの想いや気づき、お客様とのやり取りからどのような投稿になったかをわかりやすく説明し、このストーリーをそのままThreadsなどに転用することもよくあります。

　1日に複数投稿したり、販売メインの宣伝をしすぎると閲覧数が落ちるため、数字にはあまりこだわらず、ストーリーズ閲覧者は自分のアカウントに深く入り込んでいるフォロワーだと考え、**遠慮せず怖がらない運用**を心がけています。

リール投稿で工夫していること

　制作動画に作品への想いやコンセプトを、簡潔に文字入れしています。音楽はポップでわくわくする曲や、作品の雰囲気に合った曲を選び、**飽きないように緩急をつけること**を意識しています。動きがない映像や写真は目的がない限り、使わないようにしています。

　オーダーメイドの作品のときは、「おひとりのために作った」という具体的なエピソードを記載。お客様にリールにする旨を伝えて、補足で取材をすることもあります。**そのお客様だけのリールになり喜んでもらえるのはもちろん、似た環境で迷っている方への訴求**になります。

作品を買ってもらうために工夫していること

　Instagram運用の目的は**フォロワーさんとのコミュニケーション**と、**作品と作家のことを知ってもらい、購入前の疑問を解消すること**だと思っています。「自分好みの作品を見つけたい！」とフォロワーさんが思い、継続的に楽しんでもらってよきタイミングで買っていただくことが理想

です。投稿の目的をコンテンツで分けてぶらさず、ぐるぐると継続的に楽しんでもらえたらと思います。

フィード投稿はフォロワーさんに楽しんでもらうことと、じっくり作品を見て検討したい人向け。リールは作品を知らない人に知ってもらうことと新作品のお目見えPR向け。ストーリーズでは販売の宣伝をガッツリして、公式LINEや自社サイトの販売動線も明記。またストーリーズを活用して、疑問がなくなるようにハイライトは工夫しています。続けていれば、いつかの機会に買ってくださると思っています。

その他に工夫していること

SNS運用は、**変化するSNSを**フォロワーさんと楽しみつつ、**継続することが一番大事**だと思っています。InstagramはThreads（スレッズ）など、いろいろな新規機能が追加されますが、まずは試すことが大切。「こんなのやってみた！」という感じで、フォロワーさんと「初体験」や「知らなかった！」を共有します。

しばらくして利用する目的がしっかり落としこめて、お客様や自分のブランドにプラスになるようであれば、機能の利用を継続。SNSはどんなことよりも、**継続することが何よりも大事**だと思っています。発信はなるべく自分の負担にならない方法を考えて、継続することの妨げになることは潔くしていません。

例えば週2〜3回はリールを出すことが目標なのですが、モチベーションに左右されないように、「月はじめにどんなリールを出すか」「どんなことを伝えたいか」を簡単に書き出して、1ヶ月のスケジュールをだいたい決めてしまいます。**目的意識を持つことでまとめて撮影ができるので、時間短縮にもなるし続きやすいです。**

またリール再生数やストーリーの閲覧数などに一喜一憂したくないので、「バズる」「伸びる運用方法」など分析をしたり、運用コンサルをする

アカウントなどをほとんど見なくなりました。**Instagram運用や分析については膨大に情報が溢れかえり、自分で取捨選択するのが難しく、ただの時間泥棒になってしまって病んでしまうことも。**インサイトの分析もあまりしません。「あっ、こういうのが伸びたのね。じゃあ似た投稿をまた作ろう」くらいにしています。

　ハンドメイド作家の私にしかできないこと、作品の企画や制作、お客様とのコミュニケーションを丁寧にすることなど。そこを一番に考え、時間を割くようにしています。

🧑 リバティプリント・アクセサリーケース作家　Bさん
　オンライン販売メイン

> **作品を買ってもらうために大切にしている3つのこと**
> 1. 2週間くらい前から告知をちゃんとする。
> 2. フィード投稿に作品の様子がわかる動画を載せる（ライブやリールは活用しないため）。
> 3. 作品の世界観を投稿でしっかり作る。

フィード投稿で工夫していること

　世界観を作るため、作品に関連する小物を使って撮影をし、使っているシーンを演出しています。小物も自分で手作りすることが多く、それをいっしょに販売することもあります。

ストーリーズ投稿で工夫していること

　子ども向けの作品が多いため、子どもの困ったことやお出かけ先を紹介すると反応がよいです。作品のことを載せるより、日常の話題のほうが反応を得られることもあります。

　販売会前のストーリーズでは、宣伝がメインとなり閲覧数が減ること

もありますが、**購入してくれる方が見てくれればいいと割り切り**、しつこめに宣伝をしています。

作品を買ってもらうために工夫していること

　以前はきれいな写真だけを投稿していましたが、それだけでは売れにくいこともありました。そこでライブ配信を活用しない代わりに、**使用シーンがわかる写真や動画をフィード投稿に載せる**ようにしました。

その他に工夫していること

　作品よりも作り方を投稿するとフォロワーが増えることに気づきました。作り方を見てフォローしてくれる方はキットを購入することが多く、その後、作品自体も購入してくれることがあります。そのため、定期的に作り方動画を投稿するようにしています。

レース編みアクセサリー作家　Cさん
　　オンライン販売メイン

作品を買ってもらうために大切にしている3つのこと
1. 世界観
2. 色味
3. 儚さ

フィード投稿で工夫していること

　手のひらに作品を乗せた画像をトップにした、複数枚の投稿（カルーセル投稿）が伸びやすいので多めに活用しています。ただし、全体で見たときに同じ構図が続かないよう工夫しています。

　全体的な統一感を大切にするため、**背景はほぼ固定。ハッシュタグには英語のものも多く使用**し、海外からの反応も意識しています。それにより発見タブにも載りやすくなり、日本のフォロワーにも届くようになりました。

ストーリーズ投稿で工夫していること

　Canvaでフォーマットを作成し、文章と画像を変更して投稿しています。**1日1回は長めの文章を書くよう心がけています。**また、ネット注文いただいた際には受付番号を付与し、オーダーの進行状況を投稿しています。

レジンアクセサリー作家　Dさん
オンライン・オフライン販売メイン

作品を買ってもらうために大切にしている3つのこと

1. 作品の裏まで手を抜かずきれいに仕上げているので、Instagramでも裏側の写真を載せる。「やはりこの作家から買ってよかった」と思ってもらえる作品づくりを心がける。
2. 購入を無理強いしないように、投稿も気をつける。本当に欲しいと思ってもらえる方に購入していただく。
3. 作品を直接お渡しする際、ディスプレイや梱包でInstagramにつながる世界観を伝え、「もう一度この作家から購入したい」と思ってもらえる感動を与えることを目標にする。

フィード投稿で工夫していること

すべての投稿に直近の販売情報や対面イベントのお知らせを記載しています。また、作家としての世界観が伝わる写真を選ぶよう心がけています。

ストーリーズ投稿で工夫していること

フォロワーがイメージするようなおしゃれな外出風景や、ストーリーズ限定の特典をサプライズで投稿しています。他の種類の投稿には載せない制作の様子や、考え方、日常の暮らし、好きなものをシェアすることで、作家自身を深く知ってもらい、ファンになってもらえるよう工夫しています。

10

X（旧Twitter）の上手な運用方法

　ハンドメイド作家のSNS運用ではInstagramが主流で、X（旧Twitter）を上手に活用している人はまだ少ないです。苦手意識を持つ方も多いようですが、**Xならではの特徴を活かした運用は、他のSNSにはない効果をもたらすこと**もあります。ここでは、取り組みやすい運用方法を紹介します。

1. 複数カテゴリーをベストな時間で発信する

　Xでは、ポストに対するクリック、お気に入り、リポスト、返信、動画の再生数などの総数を「エンゲージメント」と呼びます。このエンゲージメントを最大化するためには、**フォロワーが活発に反応する時間帯を狙って投稿する**ことが重要です。

　お客様に飽きられないよう、作品情報、制作過程、ノウハウ、イベント情報など、複数のカテゴリーを組み合わせて投稿しましょう。**アナリティクス機能を活用して、エンゲージメントが高まる時間を特定し、その時間帯にポストを増やすことが効果的です。**Xは投稿が早く流れてしまうため、Instagram以上にタイミングが重要です。

2. 反応を促すために投稿はコミュニケーションを意識する

　Xでは、**ポストが多くの人の目に触れることが成功の鍵**です。そのためには、フォロワーからのリポストや、ハッシュタグを活用しての流入を狙う内容を工夫することがポイントです。

- リポストを狙う内容：メンション先のアカウントに関連する内容や、フォロワーに共有したいと思わせる投稿を意識。
- 参加を促す工夫：画像や動画、GIF、投票機能を使い、視覚的に目を引きながらフォロワーが気軽に反応できる内容を心がける。

特にXでは**コミュニケーション性が高い投稿**が好まれるため、質問や投票機能を使ってフォロワーの参加を促しながら、親しみやすい雰囲気を演出するのも効果的です。

まとめ

Xは投稿が流れる速度が速く、一見難しいと感じるかもしれませんが、**活発な時間帯に複数カテゴリーのポストを意識的に行うことで、エンゲージメントを高めることが可能**です。コミュニケーションを意識し、フォロワーの反応を促す工夫を取り入れながら、作品の魅力を発信しましょう。

COLUMN

ハンドメイド？　AIの未来

　ハンドメイドと言うと、やっぱり「人間の手が作るもの」というイメージがありますよね。でも最近、そこにAIが絡んできているんです。これは、いろんな意味で面白い。AIというか技術というのは基本的に不可逆で、一度便利なものが生まれたらもう後戻りはできないわけです。だから、**「手作業だけで作る時代」に完全に戻ることはありません**。でも、だからと言って、**ハンドメイドが失われるわけでもない**んですよね。

　むしろ今、AIとハンドメイドの交わりが僕たちの目の前で静かに、でも確実に進んでいます。未来の人たちがこの文章を読んで、「ああ、2024年くらいからAIとハンドメイドの融合が始まったんだな」って振り返る日が来るのかもしれません。今回はそんな「ハンドメイド×AI」の話です。

AIが裏方をやる時代

　まず、AIのサポートで変わったこと。BASEの「BASE AI アシスタント」や、minneの「minneAIアシスタント」のようなツールが、作家たちを助けてくれているんです。**例えば、「作品説明文をどう書こう」と悩む時間を、AIが最短10秒で解決してくれます。**しかも、それっぽくいい感じの文を出してくれるんだから、便利以外の何ものでもないのです。

　SNS投稿だって、AIにお任せです。**投稿文やハッシュタグを自動生成**してくれるから、「毎回文章考えるのが大変」という悩みが消えます。**AIが「裏方」に徹することで、作家は「作ること」に集中できるようになる。**これ、すごいことだと思いませんか？

未来をどう見るか

　ここからが、未来の話です。**この流れ、おそらく止まらないです。**どんどん加速して、AIが裏方どころか、さらに便利なツールになっていくのは間違いありません。でも、**それで「ハンドメイドらしさ」が失われるかというと、そんなことはないのです。**ハンドメイドって結局、「**人が作ったもの**」**に価値がある**んですよね。AIがどれだけ進化しても、人の手が持つ温かさや、感性が込められた作品の特別感は代替できないのです。

　むしろ、AIが補助をしてくれることで、**作家たちは「本当に作りたいもの」**に集中できるようになります。未来のハンドメイドは、もっと自由で、もっとクリエイティブなものになるんじゃないでしょうか。これからは、**技術をどう使うかで、個人のセンスがさらに輝く**時代が来る気がします。

COLUMN

ハンドメイド作家に注目される新SNS「Threads」の魅力

　これまでハンドメイド作家がSNSで活動する際の主流はInstagramとX（旧Twitter）でした。しかし、2023年7月に日本に上陸した「Threads」が、ハンドメイド界隈でじわじわと人気を集めています。Threadsは見た目や機能はXに似ているのですが、Instagramを開発するMeta社が手がけているので、**Instagramとの親和性が高く、Instagramユーザーがそのまま始めやすいという点がポイントになっています。**
　ThreadsはInstagramとXのよいとこ取りをしたようなSNSで、うまく使えばこれまでアプローチできなかった層に作品や思いを届けられます。ぜひ以下のポイントを活かして、チャレンジしてみてください。

1. 制作過程や日常を共有する

　Threadsはカジュアルな投稿が得意なSNSです。完成品だけでなく、制作中のエピソードや試行錯誤の様子を投稿することで、フォロワーに親近感を与えられます。

2. 短い言葉で気軽にファンと交流する

　フォロワーからのコメントにすぐ返信したり、日々のちょっとした気づきをシェアしたりできます。日常の中で生まれる気軽な会話が、ファンとの絆を深めてくれるでしょう。

3. Instagramと連動させてストーリーを補完する

　ThreadsとInstagramを組み合わせれば、写真中心の投稿にテキストで補足情報を加えられます。Instagramでは完成品の美しい写真を、Threadsではその制作のきっかけを投稿するなど、試してみてください。

第5章

売れる写真の撮り方

きれいな写真と売れる写真は違う

1

オンライン販売では写真で9割が決まる

　minne、Creema販売、SNS直販などオンラインでハンドメイド作品を購入するお客様が見ているのは、**主にタイトル、価格、写真**です。中でもパソコンやスマホ画面の中で大きな面積を占めるのが写真。いくつかのハンドメイド作品が並んでいる中でどれをクリックするかは、写真が決め手になってくると言えるでしょう。

　以前、撮影が上手な売れっ子作家さんに150円のアクセサリーを撮影してもらったことがあります（ちなみに、p.116に掲載した写真が、そのときのものです）。それを生徒たちにいくらに見えるか聞いてみたところ、150円と答えた生徒はゼロ。中には、10,000円に見えると答えた生徒もいました。

　オンラインではお客様に手に取って作品を見てもらえない分、いかに写真でよさを伝えるかが重要になってきます。つまりオンライン販売においては、写真のクオリティが売れるかどうかに直結するのです。

2
よくある作品撮影での失敗例

　売れない写真には共通点があります。多くのハンドメイド作家がやりがちな例を、いくつか紹介します。

① 何も考えずに作品を撮り始めてしまっている
　ハンドメイド作品を作ったら、とりあえず出品するために写真を撮る人がいます。完成した作品を「まずは撮ってみよう」と始めると、撮影しているうちに「なんとなくよい感じになるだろう」と思うかもしれませんが、具体的なイメージがないままでは時間ばかりかかってしまい、結局満足のいく写真にならないことがほとんどです。**作品ごとに世界観や雰囲気を考え、どのような場所や小道具を使うべきかを事前に計画する**ことで、無駄な手間を減らせます。

② 誰に向けての写真かわからない
　出品写真はペルソナ（ターゲットとするなお客様像）を意識して撮ることが重要です。例えば、若い女性向けのアクセサリーを販売している場合、クールで洗練された印象を与える写真が求められる一方で、子ども向けの雑貨ならば明るくポップな色使いが必要になります。このようにターゲット層がイメージできない写真では、見る人に響きません。**撮影前に「この写真を見て惹きつけたいのはどんな人か」を明確にしましょう。**

③ 作品写真に統一感がない
　作品ごとに撮り方が異なり、ギャラリー全体に統一感がない場合、お客様が混乱してしまいます。**統一感のある写真は、ブランドイメージを強く印象づけます。**背景色やライティング、撮影の角度を統一することで、ギャラリーが整った印象になります。また、統一感を出すためには、撮影場所や使用する小道具も一定にすることが大切です。

④ お客様目線で欲しいと思う作品写真になっていない

　作家自身が自分の作品を俯瞰で見ることは難しく、自分がよいと思う写真ばかりを撮ってしまうことがあります。しかし、購入するのはお客様です。例えば、「どのくらいのサイズか分からない」「質感が伝わらない」といった問題は、お客様が購入をためらう大きな理由になります。**購入者目線で「欲しい」「使ってみたい」と思ってもらえるように、作品を持った手元の写真や、生活の中での使用例などを取り入れましょう。**

⑤ 他の作家の作品写真との違いがわからない

　他の作家の真似をすると、写真がありきたりになり、お客様の記憶に残りません。例えば、似たような背景や構図、ライティングを使うと、どの作家の作品なのか区別がつきにくくなります。他の作家の写真を参考にするのはよいですが、**そこから自分らしいアレンジを加えたり、独自のコンセプトを打ち出すこと**が大切です。

⑥ SNSやminne、Creemaが求める作品写真になっていない

　販売プラットフォームごとに求められる写真のスタイルが異なるにもかかわらず、それを意識していないケースがあります。minneやCreemaでは、作品そのものが分かりやすいことや、購入意欲をそそる工夫が求められます。反対に、InstagramなどのSNSでは、写真そのものの美しさや世界観の統一が重視されるため、**プラットフォームごとの特性を理解することが大切です。**

⑦ 定期的に作品写真を更新できていない

　季節やイベントに合った写真に更新していないと、お客様の興味を引き続けることが難しくなります。例えば、夏用に撮影した作品写真を冬にそのまま掲載していると、「このお店は更新されていないのかな？」と思われる可能性もあります。クリスマス、バレンタイン、春の新生活など、**イベントや季節ごとにテーマを変えることで、新鮮な印象を与える**ことができます。

⑧ 撮影スペースの確保ができていない

撮影するたびに部屋の一部を片づける必要があると、撮影自体が面倒になり、結果的に質の高い写真が撮れなくなります。**撮影専用のスペースを確保することで、安定した環境で撮影を行えます。**撮影スペースがあれば、同じライティングや背景で撮影ができるため、統一感を出しやすくなります。

⑨ リサーチを行わない

売れている類似作品がどのように撮影されているか、どんな構図が人気を集めているのかをリサーチせずに撮影を始めてしまうと、他の作品に埋もれてしまいます。例えば、人気のアクセサリーが明るい自然光を使った写真で販売されているなら、それを参考にすることで成功のヒントが得られます。**闇雲に撮影するのではなく、リサーチを元にした戦略的な撮影が重要です。**

⑩ 継続できない

撮影技術は、日々の練習で上達します。撮り溜めして数ヶ月に一度更新するだけでは上達のスピードが遅くなり、撮影が負担にもなりがちです。また、写真の枚数が少ない場合、納得のいく一枚を得られる可能性も低くなります。**毎回100枚ほど撮影し、その中からベストショットを選ぶくらいの気持ちで臨むことが重要です。**撮影は習慣化することで、徐々に自然にスキルが磨かれていきます。

このような失敗を防ぐためには、撮影の計画性、目的意識、そして継続的な努力が欠かせません。売れる写真を目指すためには、こうしたポイントを意識して改善していきましょう。

3
SNSで好まれる写真と売れる写真の違いを知る

　BASEで開設したネットショップなどに誘導するために効果的なInstagramやX（旧Twitter）などのSNSはリラックスして流し見している人がほとんどです。しかしminneやCreema、ネットショップは財布や買いものカゴを持ちながら、買うつもりで見ている人が多数。つまり「興味を持ってもらうため」と「買ってもらうため」で、写真を見る目的がまったく異なるのです。**そのためSNSと同じ写真では、minneやCreema、BASEではなかなか売れません。**買ってもらうための写真が必要です。

Instagram向けの写真　　　　　販売用の作品写真

世界観を出す写真・統一感を出す　　シンプルな写真

　Instagramで大事にするのは世界観。**でも販売用の写真で重視するのは、並んでいる写真の中で目立つシンプルな写真**であることです。
　minneやCreemaのお客様は、まず作品写真を見るところからスタートします。そこから「どのような人がこの作品を作っているのだろう」と気になり、作家ギャラリーに飛んでくるのです。多くの人が作家ギャラリーをどのように整えるべきか考えていますが、このページを見にくるのは作品に興味を持ってくれた人だけ。お客様の動線を考えたときに、売れる写真を作品ページに置くことがとても重要だと言えます。ここからはそれを学んでいきましょう。

4 撮影に必要なものを準備しよう！

撮影をするために必要なものは、作品の大きさによって異なります。

アクセサリや一雑貨のように小さい作品

- カメラ（スマホ）
- 三脚
- 定常光ライト
- 背景紙（アクセサリーであればA3サイズの画用紙、雑貨は1mほどのロール紙など）
- 背景紙を挟むラックとクリップ
- レフ板（銀色や白の紙製）

アパレルやバッグのように大きい作品

- カメラ（スマホ）
- 三脚
- 定常光ライト
- レフ板（銀色や白の紙製）
- 背景がない場合は壁紙（スタジオや屋外の場合は不要）
- 壁紙を使う場合は挟むラックとクリップ

レフ板とは光を反射させて撮影する被写体を明るくしたり、影を薄めるためのアイテムです。最近はネットなどで1,000円台からレフ板を購入することが可能です。小物用であれば直径60cmほど、アパレルなど大きいもの用は直径110cmくらいのサイズが目安となります。
レフ板は以下のように色によって役割が異なります。

- シルバー：反射の光が強い
- 白：反射の光が柔らかい
- 黒：光の反射を防ぐ

もし手元にレフ板がない、購入が難しい場合は、普通画用紙や100均のスチレンボードなど、白いものであれば代用可能です。

アクセサリーや雑貨を撮影する背景紙は、100均で購入したA3サイズの発泡スチロールに壁紙を貼るだけで簡単に完成します。発泡スチロールは軽くて扱いやすく、壁紙を貼れば見栄えのよい撮影背景が作れます。また、少し大きめのサイズにしておけば、引き絵にも使えて便利です。

左／レフ板　上／A3サイズの発泡スチロールに壁紙を貼った背景紙

カメラとスマホ、どっちがいい?

　一眼レフとスマホ、どちらを使えばいいのか悩む人は多いと思います。それぞれにメリットがあり、目的や撮影環境に合わせて選ぶことがポイントです。

スマホのメリット

　スマホは**思いついたときにすぐ撮影できる手軽さ**が魅力です。また、最近のスマホはカメラ性能が非常に高く、**簡単な調整で明るさや色味を補正できる機能が充実**しています。そのため、**撮影にあまり時間をかけられない人や初心者**には最適です。

一眼レフのメリット

　一眼レフは**手ブレしにくく、ノイズの少ない高画質な写真が撮れる**のが特徴です。特に**アップにしても画質が劣化しにくいため、作品の細かいディテールをしっかり見せたい場合**には強力な武器になります。また、レンズを交換できることで撮影の幅が広がるのも魅力のひとつです。

　例えば、以下のようなレンズがあります。
- 標準レンズ：真上からの撮影に最適
- マクロレンズ：細かいディテールを大きく撮影
- 単焦点レンズ：背景をぼかしておしゃれな雰囲気を演出
- 標準ズームレンズ：幅広い撮影シーンに対応

ミラーレスと一眼レフの違い

　ミラーレスと一眼レフの違いは、内部にミラーが内蔵されているかどうかだけで、**性能や画質は大きく変わりません**。軽量で持ち運びやすいミラーレスは女性作家にも人気があります。

機材よりも大切なこと

　ただ、私が本当に大切だと思うのは、**機材の違いよりも撮影スペースの確保です**。例えば、メルカリのようなフリマサービスでは、そこまできれいな写真を求められていないため、スマホでサッと撮った写真でも十分に対応できます。しかし、**minneやCreemaなどで「売れている作家」たちは、撮影場所をしっかりと確保し、構図や撮り方に徹底的にこだわっています**。

　散らかった日常空間を少し片づけて、思いついたようにスマホで撮った写真では、魅力的に撮影された作品に慣れた現在のお客様の目に留まりません。**競争が激しい今だからこそ、背景紙や定常光ライト、レフ板などの機材を揃えた専用の撮影スペースが重要です**。そして、その空間で作品の魅力を引き出すために、構図や光の当て方をしっかり考えながら撮影することが大切です。

　つまり、一眼レフでもスマホでも、必要なのは撮影環境と計画性です。どちらの機材を使うにしても、整った撮影スペースがあれば、作品の魅力を最大限に伝える写真が撮れるでしょう。

6 売れる写真が撮影できるポイントを知ろう！
①基本の配置や構図を覚える

ではここからは、どのようにすれば売れる写真が撮れるのか、実際に学んでいきましょう。

ハンドメイド作品には色々なジャンルがありますが、基本的な撮影の仕方は共通しています。作品のよさを最大限に伝えるためには、適切な配置や構図を選ぶことが重要です。ここでは代表的な構図を3つご紹介します。

日の丸構図

画面の中心に被写体を配置する、もっともシンプルな構図です。この構図の最大の特徴は、**被写体をストレートに際立たせることができる点**です。見る人の視線が自然に中心に集まるため、**作品そのものの魅力をダイレクトに伝えたい場合に最適**です。アクセサリーや雑貨など、小さくてデザインが際立つものを撮影する際に特に効果的です。ただし、余白が少なくなりがちなので、**背景がごちゃつかないようシンプルなものを選ぶことがポイント**です。また、単調に見えることもあるため、撮影時にはライティングや影のつけ方を工夫して立体感を出すと、さらに印象的な写真になります。

三分割構図

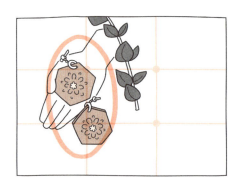

　画面を縦・横それぞれ三分割し、その分割線や交点に被写体を配置する構図です。この構図は美術やデザインの世界で**「黄金比」に基づくバランスのよい配置**として広く使われています。中心を外すことで、画面全体に動きや余白が生まれ、**見る人に自然で心地よい印象を与える**のが特徴です。また、**空いた部分を活用して小物を配置したり、作品名や説明文を入れる余裕も生まれます**。例えば、作品を左下の交点に置き、右上に背景を広く取ることで、作品が際立ちつつ全体的にプロっぽい仕上がりになります。三分割構図はどのジャンルの作品にも応用が利き、作品撮影の基本として覚えておくべき構図のひとつです。

額縁構図

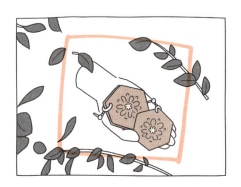

被写体の周囲に小物やフレーム状のものを配置し、まるで額縁に収められているように見せる構図です。この構図の魅力は、**視線を中央に誘導しつつ、作品の世界観や雰囲気を効果的に伝えられる点**です。例えば、アクセサリーを撮影する際に、ドライフラワーやリボン、レースなどを周囲に置いて背景を装飾することで、**作品そのものだけでなく「どう使いたいか」「どんなシーンに合うか」というイメージをお客様に与えることができます。**ただし、小物を多く配置しすぎると主役である作品が埋もれてしまうため、使うアイテムの量や配置には注意が必要です。額縁構図は特に**ストーリー性を持たせたい場合**や、**作品に高級感を演出したいとき**に適しています。

7 売れる写真が撮影できるポイントを知ろう！ ②ぼかしをうまく使う

　minneやCreemaで売れている作品写真を見てみると、**どのジャンルも作品に寄ったアップの写真が比較的多く、また「ぼかし」をうまく使っている傾向があります**。ぼかしを使うと作品の主役感が際立ち、お客様は写真のどこを見ればいいかがすぐに判断できます。

　ぼかしと聞くと、難しい技術が必要だと感じがちですが、**適切な機材や設定を使えば誰でも簡単に撮影することが可能**です。以下に基本的なコツと設定方法をまとめました。

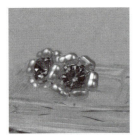
Before

After（一眼）

After（スマホ）

光の加減

　まず、光の調整が重要です。**作品を引き立たせるために、背景の光を弱く抑え、被写体にだけスポットを当てるようにすると効果的です**。

- 使用するのは定常光ライトがおすすめ。自然な明るさを維持できます。
- 部屋の蛍光灯や余計な光は消し、主役となる作品に意図的に光を当てましょう。

撮り方

　手前にある作品にピントを合わせて撮影します。**特に小さなアクセサリーや繊細な雑貨の場合、ピントを的確に合わせることで作品の細部がクリアに写り、背景とのぼかしの対比が際立ちます。**撮影時は、必ずカメラの画面を拡大してピントが合っていることを確認してください。

一眼レフ（またはミラーレス）のカメラ設定

　一眼レフやミラーレスカメラでは、レンズ選びや設定がぼかし効果に大きな影響を与えます。以下の設定を試してみてください。

- **使用するレンズ**：ミラーレスや一眼レフであればマクロレンズが理想的です。細部を大きく写しつつ背景を柔らかくぼかすことができます。
- **絞り値**：絞り優先モード（AまたはAvモード）に設定し、F値4.0以下の数値を選びましょう。これにより、背景が美しくぼけます。

スマホのカメラ設定

　最近のスマホカメラは高性能なので、ぼかし撮影も簡単に実現できます。以下を試してみてください。

- **撮影モード**：スマホには「ポートレートモード」や「背景ぼかしモード」が搭載されている場合が多いです。これを活用することで、簡単に作品にピントを合わせて背景をぼかすことができます。
- **F値を調整**：F値（絞り値）が調整できる場合は、F1.4など可能な限り絞りを開く設定にしましょう。これにより、プロのようなボケ味が得られます。

　ぼかしを効果的に使うことで、作品の魅力がぐっと引き立ちます。**特に小物やアクセサリーの場合、背景のぼけ感が主役の存在感を強調し、洗練された印象を与えます。**簡単な調整で撮影の質が大きく変わるので、ぜひ挑戦してみてください。

売れる写真が撮影できるポイントを知ろう!
③売れる構図を知る

　売れる作品写真の構図は、作品の大きさやジャンルによって異なります。**日常的にいいと思った構図をPinterestなどに保存しておくと、後で参考になります**。ここでは、作品ギャラリーのトップに配置する写真の構図を学びます。

小物系 (アクセサリーなど)
　アクセサリーのような小物作品は、minne・Creemaともに、中でもCreemaは特に**作品に寄ったアップの写真を好む傾向**があります。作品の魅力を余すところなく伝えるため、背景をシンプルに整えたうえで、ぼかしを活用して主役を引き立てることが重要です。

　例えばアクセサリーの場合、作品が真っ白でない限り背景は白にし、ピントは手前に置いた作品に合わせて後ろをぼかすといいでしょう。背景がごちゃつかないように注意しつつ、質感やディテールをしっかり見せる工夫をしましょう。

季節感をプラスする
　季節感を出したいときは、背景を季節に合った色に変えて、小物をプラスするのがおすすめです。例えば春のアクセサリーなら背景を淡いピ

ンクやベージュにし、桜や花びらなどを小道具として加えることで、柔らかな雰囲気を演出できます。ぼかしをうまく使うために、作品と季節の小物の間に適度な距離をとるのがポイントです。

春の雰囲気を演出するために、背景をピンクに、小物で桜を使用。

背景の作り方

　アクセサリーのような小さな作品であれば、サイドテーブルほどのスペースがあれば撮影は十分可能です。背景は100均のブックスタンドとA3の画用紙を組み合わせて作ることができ、簡単に用意できます。また、**アクセサリーの下に透明なガラスを置くと反射が美しく映り込み、プロっぽい仕上がりになります。**

　自然光で撮影する場合は、部屋の蛍光灯を消して、明るさを調整するために、光が入る窓と反対側に白のレフ板を設置します。光が強すぎる場合はレースカーテンで柔らかく調整しましょう。作品の魅力が伝わる背景作りができれば、お客様に好印象を与えられる写真が完成します。

ゴールドのアクセサリーを撮影するときは反射しないように、まわりをトレーシングペーパーで囲って撮影してください。

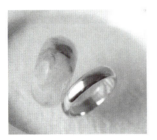
Before

After

トレーシングペーパーで囲いを作って、間にレンズを入れて撮影。

雑貨系（生活雑貨・観葉植物・ぬいぐるみなどの置物）

　雑貨系の作品は部屋に飾っているシーンや、ギフトとして誰かにプレゼントするシーンをイメージさせることが大切です。そのため、部屋に飾っているところが想像できる小物を入れて、ぼかしを使うのがおすすめ。窓際で自然光を取り入れて撮影するのもいいでしょう。

　テーブルに置いて撮影する場合は、作品をテーブルの角に置いて、角が写るように撮影します。木目調や白のテーブルだと、作品が引き立ちやすいです。

　作品をテーブルにのせたら、奥に使用シーンがイメージできる小物を置きます。レフ板は全体に当てるため大きめを使用し、少し斜め上から奥の小物がぼかして写るような角度で撮影してみてください。

作品をテーブルの端に置き端を写す。

奥に小物を置く。レフ板は大きめを使用。

アパレルなど

　アパレルは着用イメージが購入につながるため、**着画を入れることが必須**。自分を被写体にする場合は三脚とタイマーを使うといいでしょう。**作品が大きくなればなるほど光量が必要**になるため、自然光が全体に入る白い部屋でなければ、定常光ライトを使う方がおすすめ。光量が足りない、定常光が準備できないのであれば、家の外壁を背景に屋外で撮影するのがいいでしょう。

　トルソーの場合も自分が被写体のときと同じで、**人が着ているような雰囲気でセッティング**。レフ板も大きめを準備してください。

人が着ている風にポーズをつける。

バッグなど

バッグもアパレルと同じで使用シーンが購入につながるため、**着画はマスト**。作品写真の2枚目以降には、ポケットの有無や大きさなど機能がわかる写真を必ず入れましょう。アパレルと同じくレフ板は大きめを使い、角度を変えながら何パターンか撮影します。

被写体の服装も重要で、バッグに季節感がない、またはターゲットが幅広いようであれば、白シャツやGパン、チノパンなど清潔感のあるシンプルなものを選ぶこと。季節感のあるバッグならば、服装の素材や小物を季節に合わせるようにしましょう。服装によってバッグの印象は大きく変わります。

ラッピング

　ラッピングの写真はできるだけ入れた方がいいので、**作品撮影といっしょにしておく**のがおすすめ。文章を読まなくても写真だけですべてがわかるように、**値段などの詳細を文字情報で入れる**ようにしましょう。デザインソフトCanvaなどを使えば、簡単に入れることができます。またラッピングを希望する人はギフト目的の人が多いので、プレゼントをイメージできるような写真にするものいいと思います。

9 売れる写真が撮影できるポイントを知ろう！
④作品写真の構成を考える

　作品写真は枚数がなるべく多ければ多いほうがわかりやすく、説明文の代わりになるような写真も入れるのがおすすめです。写真の枚数が少なくても売れている作家はいますが、そのような人はタイミングや運なども関係しているのであまり参考にせず撮影をがんばりましょう。

　お客様の中には作品説明を読まずに、写真と価格だけを見て注文をする人も多いように感じます。そのため写真だけでもすべてをわかってもらうために、2枚目以降に詳細な写真や、注意書きが記載された写真を入れるのも効果的です。そうすることでお客様からの問い合わせもグッと減ります。

　作品によりますが、少なくともトップ写真、正面、側面、背面、着画、有料だとしてもラッピングの写真はあった方がいいでしょう。ここからは作品別の構成を紹介します。

アクセサリーなど

アクセサリーの**トップ写真は、アップで目立つもの**を選んでください。正面、側面、背面を情報としてしっかり伝えるために、光は均等に当てて撮るようにしましょう。着画はあればあるほどよく、ラッピングは有料か無料なのかわかるようにして、ギフトにもできることを画像でも提示するといいと思います。

イメージ写真はInstagramにのせるような写真。裏面とイメージ写真はあってもなくてもよいです。

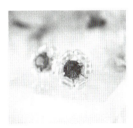
①トップ画

②正面

③側面

④背面

⑤着画

⑤着画

⑥ラッピング

※裏面

※イメージ画

雑貨系（生活雑貨・観葉植物・ぬいぐるみなどの置物）

　雑貨も**トップ写真は、アップで目立つもの**にしましょう。アクセサリーと同じように正面、側面、背面は情報としてしっかり伝えるために、光は均等に当てて撮ります。素材は説明文にも記載をすると思いますが、目に見える形でしっかり見せたい場合はアップで撮ってください。

　部屋に飾っているイメージ写真は、近くに小物を置くと作品自体のサイズ感がわかりやすくなります。オプションのギフトラッピング写真もつけるとギフトとしても利用できることをアピールできます。

①トップ画　②正面　③側面　④背面

⑤イメージ画　⑥手に持つ　⑦ラッピング

※上から　※素材アップ　※素材アップ　※イメージ画

アパレルなど

　アパレルの**トップ画像は、使用したときをイメージできる着画**が理想です。着画は多ければ多いほどよく、着画のみでもいいくらいです。正面、側面、背面はトルソーに着せた方がスタイルやサイズがわかりやすく、正しい情報をできる限り伝えるために光は均等に当てます。ポイントやアピールしたい部分は、アップで撮影しましょう。

　アパレルは白い壁を背景に撮るのがおすすめですが、難しいのは白の表現。**作品に当たる光よりも部屋全体の明るさ、壁に当たる光の量が重要です。**撮影が上手な作家の写真を見ると、広めの明るい部屋で撮っているケースが多いように感じます。

　アパレルの写真は難しく、キレイに撮るためには理想を言えばスタジオで撮影するのがおすすめです。ただそれもなかなか難しいと思うので、**屋内でどうしても上手くいかないときは屋外で撮るといいでしょう。**

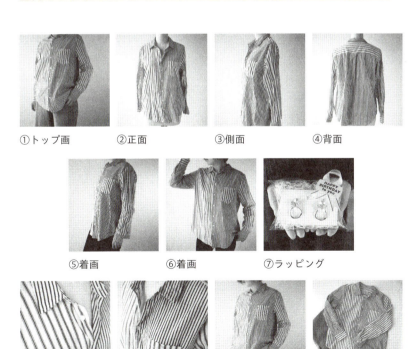

①トップ画　②正面　③側面　④背面

⑤着画　⑥着画　⑦ラッピング

※ポイント　※ポイント　※イメージ画　※イメージ画

バッグなど

バッグの**トップ画像は、バッグがアップで目立つような着画**がおすすめ。他と同じように正面、側面、背面の情報を伝えるために、光を均等に当てて撮ります。ものを出し入れする部分がわかるように、**上からの写真**も入れるようにしてください。また、ポケットの数やどれくらいの量が入るかという、機能性も写真でアピールできる重要なポイントです。

①トップ画　②正面　③側面　④背面

⑤着画　⑥着画　⑦ラッピング

※上から　※ポイント　※機能　※機能

※イメージ画　※イメージ画

10 売れる写真が撮影できるポイントを知ろう！ ⑤光を上手に当てる

撮影する時間帯は人によってさまざまです。晴れた日に自然光で撮影ができれば一番理想的ですが、必ずしもそうできるとは限りません。夜にしか撮影できない場合、蛍光灯を使用するとよい仕上がりになりづらいです。**自然光で撮影できないときは、定常光ライトを使って、家でも昼間のような明るさを再現するとよいでしょう。**

自然光

太陽や月の光を利用した自然な明るさを活かす方法です。

メリット

- 全体を均一に明るく照らせる。
- 自然な陰影が生まれるため、立体感や素材感を引き出しやすい。

デメリット

- 天候や時間帯に左右される。
- 雨の日や夕方以降は撮影が難しい。

定常光ライト

室内撮影に適した安定した光源を提供してくれるアイテムです。

メリット

- 時間や場所を問わず撮影ができる。
- ワット数が大きいライトなら、大きな作品も明るく撮影可能。

デメリット

- スペースが必要になる。
- 設置や調整に多少の手間がかかる。

光を上手に当てるだけで、写真の印象が大きく変わります。**特におすすめなのは、半逆光やサイド光を活用することです。**半逆光を使うと輪郭がはっきりし、陰影が美しく浮かび上がります。サイド光を取り入れると、立体感が際立ちます。

　どうしても自然光やライトの調整が苦手な人は、晴れた日の午前中に屋外で撮影するのが手軽です。できるだけ早い時間帯に行うと、自然光を均一に取り入れることができます。

11
売れる写真が撮影できるポイントを知ろう！
⑥便利な小物で工夫する

撮影するときにあると便利な小物は、100円ショップや3COINS、Standard Productsなどで安く豊富に揃えることができます。私も立ち寄った際に撮影に使えそうなものがあれば、買い足すようにしています。

選ぶ際のポイント

- サイズ感に注意: 小さい作品には極力小さなアイテムを、邪魔にならないように配置します。
- 季節感を考慮: 季節を意識した小物を選ぶと、写真の印象が一気に変わります。

便利なアイテム例

ソフト粘着剤

アクセサリーを立てたり、ぶら下げたり**固定する**のに便利です。

ドライフラワー

季節感を出すのに役立ちます。写真の隅に自然に配置すると、主役を邪魔せず華やかな印象に仕上がります。

布

テーブルの傷や汚れを隠すとともに、おしゃれで落ち着いた雰囲気を演出できます。作品の色味を引き立てる**白や生成色、グレーなど**が使いやすいです。

背景紙

オンラインで購入できる背景紙は**種類も豊富**。壁のクロスや紙のAmbiance Paper®などを使用すると、写真全体の仕上がりがよりプロフェッショナルに見えます。

作品が大きければ背景紙のサイズも大きい方がよいですが、アクセサリーなど小さい作品であれば背景は写らないので、A3くらいのスタイリングボードなどでもOK。背景紙は俯瞰で撮影するときに、すぐ撮影ができておすすめです。

透明トレイやガラス

透明な素材を使うと、反射や透け感で作品がより**立体的**に見えます。**特に夏らしい雰囲気**を出したいときにおすすめです。

12 売れる写真が撮影できるポイントを知ろう！
⑦レタッチで仕上げをする

　撮影した写真はそのままアップせずに、編集や画像加工でさらにキレイに仕上げましょう。自分の作品に合った色の明るさや表現方法を最初に決めておくと、加工するときに迷わず進められます。トーンを揃えるとまとまりが出て、素人っぽさを軽減できます。

おすすめソフト

スマホ撮影のおすすめ「VSCO」
- おしゃれなフィルターがプリセットされており、簡単にプロっぽい写真に仕上がります。
- 明るさや彩度など細かい調整も可能。設定をレシピとして保存できるので、何度も同じ作業を繰り返す必要がありません。

一眼レフのおすすめ「Lightroom」
- 明るさの調整やカラー補正を一括で管理できるプロ仕様のソフトです。
- ローデータ（生データ）をそのまま加工できるため、細かい調整を行いたい方に最適です。

NG（レタッチ前）

OK（レタッチ後）

13

苦手な人はプロに任せるのもあり！

　ここまで撮影について学びましたが、それでも「撮影が苦手」という人もいるでしょう。そんな場合は**思い切ってプロに外注するのもひとつの選択肢**です。重要なのは、自分の作品の世界観を明確に伝えること。プロに依頼する際は、**どんなイメージに仕上げたいかを**しっかり共有することが大切です。

　カメラマンの探し方には、ココナラやクラウドワークスなど、さまざまな方法があります。その際には、カメラマンのポートフォリオやSNSをしっかり確認し、**得意とする世界観が自分の作品とマッチしているかを見極めること**が大切です。また、最近では自分のフォロワー（お客様）の中に写真が得意な人がいれば、DMで相談してみるのもひとつの手です。フォロワーはすでに自分の作品や世界観を理解してくれているため、イメージのすれ違いが起きにくいという利点があります。ココナラなどで探す際も、自分のターゲット（ペルソナ）に近い人に依頼するのがおすすめです。

　よいカメラマンに巡り会えたら、継続的にお願いすることで、撮影の手間が省け、負担が大きく軽減されます。また、自分の作品を客観的に見てもらえるという点も外注の大きなメリットです。料金は拘束時間や撮影点数などによってカメラマンごとに異なりますが、作品がいくつかまとまった段階で依頼するとコストパフォーマンスがよくなります。そのため、1点ものの作品を主に制作している作家にとっては、外注が少し難しい場合もあるかもしれません。

　この章では、さまざまな撮影の方法について紹介しましたが、一番大事なのはスマホでも一眼レフでも、**とにかく楽しみながらたくさん写真を撮ること**です。それが撮影の上達への近道であり、作品の魅力を最大限に伝えるコツでもあります。

カメラマンに撮影をお願いする際に事前に決めておくべきこと

カメラマンに依頼をスムーズに行うために、以下の項目をあらかじめ準備しておくと安心です。

1. 撮影の目的と使い道

何のために撮影するのかを明確にしましょう。minneやCreemaで販売するための写真なのか、InstagramやSNS投稿で使う雰囲気ある写真なのか、パンフレットやショップカードに使う写真なのかなど、使い道を考えておきます。

2. どんな写真が欲しいか

撮影イメージを事前に具体化しておくと、カメラマンもイメージを共有しやすくなります。以下を考えておくとよいです。イメージがつく参考画像があればそれも用意しましょう。

- 背景やスタイル：(例) 白背景でシンプル、木目調でナチュラルなど。
- 光の雰囲気：(例) 柔らかい自然光、モダンな印象のシャープな光など。
- 見せたいポイント：(例) 作品の素材感、細かいディテール、特にこだわった部分など。

3. 撮影する作品の詳細

カメラマンが準備しやすいように、事前に以下を決めておきましょう。

- 作品点数：撮影する作品が何点あるか。
- サイズ・重量：作品サイズが大小混在する場合は特に伝える。
- 小物や飾りつけ：撮影に使いたい装飾品があれば準備。

4. 納品方法と形式

写真はどのような形式で欲しいかを決めておきましょう。

- 納品形式：JPEG、PNGなど。
- 解像度：Web用か印刷用か（例：72dpi、300dpi）。
- 必要な枚数：1作品につき何枚必要かを具体的に。

COLUMN

撮影前に世界観を見つける

　SNSで作品の写真を撮影する際、最初に難しく感じるのがスタイリングです。スタイリングを考えるうえで便利なのが、**ブランドの世界観を明確にすること**。世界観が曖昧なまま撮影を始めると、写真に統一感がなくなったり、作品に合わない仕上がりになってしまうことがあります。

　世界観を見つけるためには、まず**ペルソナ（ターゲットのお客様）がどんな世界観を好むかを想像すること**が大切です。例えば、童話のプリンセスを好むお客様が多い場合、その世界観を写真で表現すると効果的です。「シンデレラ」「白雪姫」「人魚姫」など、特定のテーマに絞り込んで考えてみましょう。さらに、具体的な要素として「お城」「ドレス」「ガラスの靴」などをイメージに取り入れると、テーマがより明確になります。

　次に、世界観に合った参考写真を集めましょう。**Pinterest、雑誌、写真集などからイメージに合う写真を複数ピックアップする**のがおすすめです。この作業は撮影の直前だけでなく、**日頃から継続して行うとより効果的**です。そうすることで、**自分のブランドに合うイメージカラーや、写真撮影時に揃えるべき小物**が自然と見えてきます。

　世界観をしっかり決めたうえで撮影に臨むことで、作品の魅力が引き立つ写真を撮影することができます。

第6章

オフライン販売や
ライブ販売の実践

委託・イベント・ライブ販売で
広げる可能性

1

今後、伸びが予想されるオフライン販売

　2010年頃から、ハンドメイド作品の販売はコミケ（コミックマーケット）のように一般参加者による購買を目的としたイベントが文化となり、年々その人気が加速していきました。この流れは2019年まで続きましたが、2020年にコロナ禍が始まると、イベントは軒並み中止となり、ネット販売が主流になったのです。

　しかし2023年から2024年にかけて規制が緩和されると、それまでの反動でイベントへの注目が再燃。ポップアップやイベントの開催数も増え、その人気はむしろ以前よりも高まっているように感じます。これからハンドメイド作家を始める人にとっても、多くのチャンスがあるのではないでしょうか。

　「いきなり人前で販売するのは難易度が高い」と感じるかもしれませんが、私はそう思いません。**イベントは初心者でも出店でき、人気作家の技術や接客を学ぶ場にもなるため、挑戦しやすい環境です**。しかも大規模なイベントにはすでに多くのお客様が集まっているため、**自分で集客する必要がありません**。例え希望者が多く抽選になったとしても、初心者もベテランも条件は平等です。

　イベントは入場料を取るケースが多く、アクセスがあまりよくない場所で行われることも。ですが、「せっかく遠くまで来て入場料も払ったのだから、何か買って帰りたい」と考えるお客様が多いのも事実です。**初心者でも買ってもらえる可能性は十分にあります**。

2 お客様に会えるのがオフライン販売の魅力

　オフライン販売には**「委託販売」「イベント販売」「ポップアップ」**の3つの形式があります。その中でも、**委託販売を除くイベントやポップアップでは、お客様に直接会えることが最大の魅力**です。お客様の生の声を聞けるだけでなく、どんな作品に興味を持っているのかも直接観察できるため、**マーケティングの絶好の機会**になります。

　特にイベントには、自分以外にもさまざまなハンドメイド作家が参加します。**他の作家のブースを学べる**のはもちろん、集まったお客様の目に自分の作品が触れることで、**新規のお客様を獲得できるチャンス**でもあります。最近ではイベントを山場としてとらえ、新作を揃えて告知する作家も増えてきました。

　また、イベントに加えて**「ライブ販売」**を活用する作家も増えています。**イベントに来られなかったお客様や売り切れで購入できなかったお客様に向けて配信**することで、オンとオフの両方で売り上げを伸ばせるようになっています。

　ただし、オフライン販売にはデメリットもあります。イベントやポップアップでは直接接客するため、作家の態度や印象が作品の売れ行きに影響を与えます。接客が暗い、または作家の雰囲気が作品のイメージと異なると、それが購入の妨げになることも。オンライン販売では問題にならない部分が、オフライン販売では売り上げに直結するため、**接客スキルもある程度重要**です。

3 委託販売の売り場の作り方・注意点

　委託販売は、ハンドメイド作品を百貨店や個人店舗などに預け、その**店舗が販売してくれる方法**です。作家は作品を用意するだけでよいので手間はかかりません。ただし、ショップカードやパンフレットの設置が制限されることが多く、自分のブランドを直接アピールするのが難しいのが現状です。また、委託にはある程度の作品数が求められるため、少数制作の作家には不向きな場合もあります。

　委託販売を行う店舗は条件がそれぞれ異なり、スペースの大きさや手数料も様々です。例えば、「手作市場」や「コトモノマルシェ」のような商業施設内の店舗は手数料が高く、利益がほとんど残らないことも。ただし、有名な店舗での販売は自分のブランド力を高めるプロモーション効果が期待できます。

　注意点として、「うちで委託販売しませんか？」といったDMでの誘いには慎重になるべきです。委託先が信頼できるかどうかを見極めることが何より大切です。**手数料の安さだけで判断せず、大切な作品を安心して預けられる場所を選びましょう。**また、SNSで事前に評判を調べるのも有効です。不誠実な店舗は「振り込みが遅れる」「作品が雑に扱われる」といった悪い評判が目立つことが多いので、これらのリスクを避けるためにも**下調べを怠らないこと**が重要です。

4
イベント販売の売り場の作り方・注意点

1. イベント出店の流れ

　イベントに出店する際は、開催日までに作品を十分に準備しましょう。作品数に決まりはありませんが、出店料を払う以上、**ある程度の点数は用意したいところ。比較できるくらいのバリエーションがあるとお客様に選んでもらいやすくなります。**

　イベントは土日開催が多く、初日にすべて売れてしまうと2日目に対応できない場合も。**売り切れてしまった場合には、オンラインでの受注販売に誘導する仕組みを用意しておくとよいでしょう。**会場準備は基本的に作家が一人で行うため、当日の朝に設営を完了させる必要があります。荷物が多い場合は、事前に会場に送っておくのがおすすめです。

2. ブース作りのポイント

　イベント出店ではブース作りが非常に重要です。**同じジャンルの作家が近くに集まることが多いため、周囲のブースと差別化を図り、自分の作品が目立つように工夫する必要があります。**まず、会議室用のシンプルなテーブルにそのまま作品を並べるのではなく、ブランドカラーやロゴ入りの布を敷くことで、一気に見栄えをよくすることができます。このような視覚的な演出は、ブランドの世界観を伝えるうえで欠かせません。

また、**ディスプレイは高さを出すことがポイント**です。平坦に並べるのではなく、段ボールや木製のひな壇、ワイヤーラックなどを活用して立体感を演出することで、お客様の視線を引きやすくなります。さらに、**遠くからでも目につきやすいよう、タペストリーや旗、風船などを使って高さを生かす工夫をする**のもおすすめです。特に高さに関しては制限がないイベント会場も多いので、積極的に活用すると効果的です。

最近では、**テーブルの上にタブレットを置いて動画を流し、作品が制作される様子やブランドの魅力を伝える**ブースも増えています。こうした動きのある演出を取り入れることで、より多くのお客様に興味を持ってもらえる可能性が広がります。

最終的には、限られたスペースの中でいかにブランドの世界観を表現し、お客様に興味を持ってもらうかが鍵になります。ブース作りにひと手間かけることで、売り上げだけでなくブランドの印象を大きく高めることができるでしょう。

3.ハンドメイドイベントに必要な主な持ちもの

基本アイテム

- **ハンドメイド作品**
  出店の主役となる作品。販売予定数より少し多めに用意しておくと安心です。
- **プライスタグ（値札）**
  作品の価格がわかるようにタグをつけておきましょう。作品ごとに統一感を持たせると、ブランドの印象がよくなります。
- **テーブル・椅子**
  イベントによっては貸し出される場合もあるので事前に確認しましょう。自分で用意する場合は折り畳み式の軽量なものがおすすめです。

ディスプレイ・ブース装飾

- **店名が分かる看板や横断幕**
  ブランド名やロゴを大きく掲げることで、お客様に覚えてもらいやすくなります。

- **テーブルにかける布・クロス**
  ブランドカラーや世界観を演出できる布を用意すると、ブースが一気に華やかになります。

- **棚やお皿など、陳列什器**
  作品を立体的に並べるための什器（ひな壇、ワイヤーラック、小さな棚、お皿など）は必須アイテムです。

- **ショップカード、パンフレット**
  お客様にブランドを知ってもらい、後日オンラインでの購入を促すための大切なツールです。

- **陳列時に作品を入れておく袋・タグ**
  作品ごとに袋やタグをつけておくと、見栄えがよくなりブランドイメージが統一されます。

- **作品を渡すためのショッパー**
  購入後に作品を入れる袋。ブランドロゴを入れたものを用意するとさらに印象アップにつながります。

決済関連

- **決済端末**
  「Square」や「Airペイ」など、キャッシュレス対応の端末を用意しておくと便利です。

- **お釣り（小銭・紙幣）**
  あらかじめ十分な金額を用意しておきましょう。小銭が不足しがちなので注意が必要です。

- **釣り銭トレイ**
  お金の受け渡しをスムーズに行えるようにしましょう。

- **電卓**
  合計金額の計算やお釣りを間違えないために必須です。

- **領収書**
  必要なお客様にその場で発行できるように準備しておくと安心です。

作家用アイテム

- **ハンドメイド道具（金具交換を行う際のペンチなど）**
  お客様の要望で簡単な調整が必要な場合に備えて、道具を用意しておくとよいでしょう。
- **文房具（ボールペン、メモ、ハサミ など）**
  ちょっとした書類記入や梱包などに役立ちます。

衛生・整理整頓

- **ゴミ袋**
  ブースのゴミをしっかり管理するために必須です。
- **掃除用具**
  テーブルの汚れやホコリをさっと拭けるクロスやクリーナーを用意しましょう。
- **席外しカード**
  ブースを離れる際にお客様に不在を伝えるためのカードです。

快適グッズ

- **防寒・防暑グッズ**
  季節に応じた防寒着や冷却グッズを持参し、快適に過ごせるようにしましょう。
- **軽い食事・飲みもの**
  イベント中は思った以上に忙しくなるため、手軽に食べられるものを用意すると便利です。
- **モバイルバッテリー**
  スマホや決済端末の充電切れを防ぐために必須アイテムです。

4.接客について

ハンドメイド作家は接客のプロではありません。そのため、「お客様と

何を話せばいいのだろう」と不安を感じる人もいるかもしれませんが、**過度な接客をする必要はありません**。大切なのは、**笑顔で元気よく接すること**。お客様に「話しかけやすい雰囲気」を作るだけで、自然とコミュニケーションが生まれます。

　例えば、挨拶をする際に「こんにちは！　今日はいいお天気ですね」など天気の話題を振ったり、お客様の持ちもの（バッグやアクセサリーなど）をさりげなく褒めることで会話が広がります。また、「作品で迷われていることはありますか？」といった一言も、お客様にとって親切に感じられるでしょう。**こうした簡単な会話のパターンをいくつか事前に考えておくと、いざというときスムーズに対応できます**。

　さらに、**周囲のブースにいる作家にも挨拶をしておくことは大切です**。隣の作家と関係を築いておけば、イベント中にトイレに行きたいなどでブースを一時的に離れる際にも「少しの間、見ていてもらえますか？」と声をかけやすくなります。こうした挨拶や軽い会話は、**信頼関係を作るだけでなく、防犯対策にもつながる**のです。

5 ポップアップの売り場の作り方・注意点

　ポップアップ販売は、特定の場所を一定期間借りて、作家自身が売り場に立ち、自分の作品を販売する方法です。イベントと異なり、スペースが広く与えられることが多いため、ブランドの世界観をしっかりと表現することができます。また、ファンと直接コミュニケーションを取る絶好の機会でもあり、販売単価が高くなることも期待できます。ただし、来場者のほとんどが事前に告知を見て訪れるファンであるため、事前集客が重要です。

　このようにポップアップには大きな魅力がありますが、同時に課題もあります。例えば、作家目当てに訪れるお客様は、作品のクオリティだけでなく空間全体の世界観や接客にも期待を寄せています。そのため、「来てよかった」と思わせるための細やかな準備が求められます。もし、お客様が世界観に失望してしまうと、ブランドイメージに影響を与えかねません。また、イベントのように他の作家目当てで訪れるお客様がついでに立ち寄るといったことが少ないため、通りすがりの集客に頼れない点も注意が必要です。

　こうした特性を踏まえ、ポップアップを成功させるためには、まずは空間作りに力を入れましょう。広いスペースを有効活用し、作品だけでなくブース全体でブランドの魅力を伝えることが大切です。ブランドカ

ラーやテーマを反映した装飾、作品の特徴を引き立てるディスプレイなどを工夫して、特別感を演出しましょう。また、作家がその場に立つからこそできる**「お客様との深いコミュニケーション」**もポップアップの強みです。丁寧な接客を心がけることで、ファンとの関係性をさらに強固にするチャンスになります。

　ただし、ファンと直接向き合うという点では、作家としての接客力が求められる場面も少なくありません。ブランドや作品の魅力をしっかりと伝えられる準備が必要ですし、初対面のファンとも自然な会話ができるように工夫することが重要です。加えて、SNSやライブ配信を使った事前告知も欠かせません。**ポップアップを開催する数ヶ月前から計画的に情報発信を行い、お客様が「ぜひ行きたい」と思えるような内容を発信することで、当日の成功率が高まります。**

　ポップアップは、作家自身の世界観を直接伝える場として非常に魅力的な販売方法です。ただし、**準備段階から集客や接客に細やかな配慮が必要で、特にブランド力を伸ばしたい中級者や上級者向けの販売方法と言えるでしょう。**しっかりと計画を立て、ファンにとって「期待を上回る空間と時間」を提供できるように努めてください。

6 ライブ販売とは？

　ここまでオンライン販売やオフライン販売について話してきましたが、それらとも少し異なる新しい販売方法がライブ販売です。ライブ販売とはライブ配信を活用した販売方法で、Instagram Live（インスタライブ）、YouTube Live、TikTok LIVEなどの配信方法が挙げられますが、ハンドメイドでは特にインスタライブで行う作家が多いです。**配信の中で作品を着画で見せるなどして紹介し、配信後にDMやオンラインで作品を販売する形が一般的です。**

　ライブ販売は作家が配信者となり、視聴者であるお客様とリアルタイムにやり取りを行います。この形式は、**作品の特徴を伝えやすく、購入に直接つながりやすいのが特徴です。**一方で、配信をするという部分で話すのが得意な人と苦手な人で**向き不向きが大きく分かれる販売方法**とも言えます。ただ、**まだまだ競合が少ない分、挑戦することで大きな成功を収める可能性があります。**

　ライブ販売は販売手法としての特性も興味深いです。例えば、同業のライブ配信だけでなく、プロのライバー（ライブ配信者）のやり方を見ることで、よりよい配信スキルを学ぶことができます。**視聴者のリアクションを瞬時に読み取る力や、会話を広げるテクニック**など、得られるヒントは多いです。何よりも重要なのは、ライブ配信がリアルタイムで進行する「生もの」であるという点。**決まった時間に視聴者を集めなければならないため、事前の告知や配信スケジュールの工夫が成功の鍵と**なります。

　ライブ販売は、オンライン販売よりも直接的なやり取りを通じて、**お客様との信頼関係を築きやすい**という利点があります。一方で、すべてがリアルタイムで行われるため、**配信者のスキルが結果を大きく左右す**

るということも事実です。この点を理解し、準備をしっかり行うことで、ライブ販売を自分の強力な販売チャネルに変えることができるでしょう。

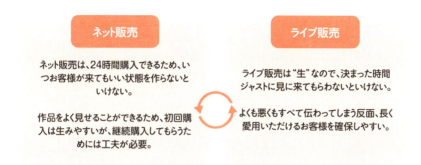

ライブ販売の売り場イメージ

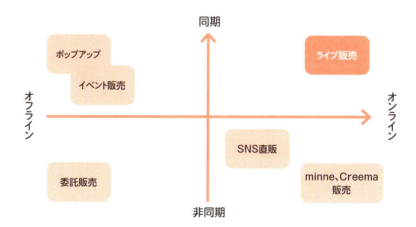

※同期はお客様とつながっている状態

7 雑談型ライブ配信とライブ販売の違い

　通常の雑談型のライブ配信とライブ販売は同じものと見られますが、大きく異なります。**雑談型のライブ配信は作家やブランドに親近感を持ってもらう「知ってもらう」ための配信ですが、ライブ販売はライブ配信の中で作品を「買ってもらう」ことを目的とした配信です。**

　下記はあくまで一例ですが、配信内容としては大きく下記のように分かれると思います。

雑談型ライブ配信の内容
- 作品を作った経緯やブランドへの想い
- 雑談をしながら作家自身のことを話す
- 時間は気にせず1時間以上やることも
- ポップアップの店頭状況の配信

ライブ販売の内容
- 何を配信するのか説明してから始める
- アーカイブを見やすくするために短めに行う
- はじめて来てくれた人に極力話しかける
- 自宅からでも楽しく購入したくなるような工夫をする

　お客様に自分やブランドのことを知ってもらいたい場合は、雑談型のライブ配信から始めるのがいいと思います。 ただすでに多くのお客様とDMなどをしてコミュニケーションを取っているのであれば、ライブ販売から始めてもよいでしょう。

ライブ販売のメリット

　ライブ販売では、視聴者とリアルタイムでやり取りできる点が最大の魅力です。お客様にとっては次のようなメリットがあります。

1. お客様のタイミングで接客を受けられる

　配信を視聴するタイミングをお客様自身で選べるため、**リラックスして参加できる**ことが特徴です。

2. 個別の質問ができて作品への理解が深まる

　配信中にコメントで質問を受けることで、**作品の特徴や魅力を細かく説明する機会**が増えます。特にオンライン販売では伝えにくい部分を補えるのが利点です。

3. 思ってもみなかった作品に出会える

　ライブ中に紹介された**意外な作品**や、**在庫が残っていた作品**に目を留めたお客様が購入に至ることもあります。

4. 自宅にいながら外で購入するような体験ができる

　お客様は外出せず、**自宅でリアルタイムのやり取りを楽しみながら購入**できます。このような体験は、店舗での買いものに近い満足感を得られます。

　一方でデメリットも存在します。ライブ配信では作家自身の話し方や表現力がダイレクトに視聴者に伝わるため、説明が不十分だと逆効果になり、作品の魅力が十分に伝わらない可能性があります。また、視聴者の多くがコアなファンであるため、新規のお客様を呼び込むには事前の告知や準備が必要です。ある程度ファンがいないとライブそのものが成立しにくい点も、課題と言えるでしょう。

9 ライブ販売の準備をしよう

ライブ販売を成功させるには、目的を明確にし、計画的に準備を進めることが重要です。以下に、事前準備のポイントを解説します。

1.ライブの6W1Hを整理する

ライブ配信を始める前に、「誰に」「何を」「なぜ」配信するのかを明確にすることが成功の鍵です。準備が不足していると、ただ時間が過ぎるだけで視聴者の関心を引けないこともあります。以下は、6W1Hに沿った一例です。

ライブの6W1H

		例
When（いつ）	タイミング、時流、トレンド	夏コーデに合うアクセサリー
Where（どこで）	配信場所	POPUPスペースに見立てた自宅
Who（誰が）	作家本人	作家らしい立ち居振る舞い
Whom（誰に）	ファン	もっと好きになってもらう場
What（何を）	何を売りにするのか？	一点ものをその場で手にできる楽しさを演出
Why（どうして）	作家の理念、作品に対する想い	おでかけやSNSなどで映える大ぶりのアクセサリーを多くの女性に届けたい
How（どのように）	配信方法、場所、配信時間	インスタライブ

目的が明確であれば、視聴者に伝えたいポイントも整理しやすくなり、スムーズな配信が可能です。

2.配信内容の台本を用意する

台本は、ライブ配信の流れをスムーズにするための重要なツールです。すべて詳細に書き出す必要はありませんが、以下のような項目を箇条書きにしておくと安心です。

- オープニング（挨拶と配信のテーマ説明）
- 紹介する作品の順番
- 作品の魅力を伝えるポイント（例：「この作品は天然石を使っていて、一点ものです」）
- 質問やコメントを促すフレーズ（例：「この作品、皆さんならどんなシーンで使いますか？」）
- クロージング（感謝の言葉と次回配信の予告）

視聴者とのやり取りに集中するためにも、最低限の構成を決めておくことをおすすめします。

台本の例

TIME	内容
19:00～	◆挨拶 「こんばんは～！　〇〇の〇〇です。 本日もインスタライブを始めていきたいと思います！ よろしくお願いいたします」 ※お客様のお名前をお礼の言葉とともに呼びかける。 はじめての方には、「はじめまして！　ゆっくり見ていってくださいね！」など。 以前来てくださった方には、「また来てくれてありがとうございます！」など）
19:05～	◆作品紹介 「それでは、作品を紹介していきたいと思います！」 ●新作〇〇 魅力ポイント：×××××× ●再販〇〇 魅力ポイント：×××××× 「こちらの作品、こだわったのは〇〇で、〇〇しやすいようになっています！」 「この作品、皆さんならどういうところで使いますか？」

19:25〜	◆クロージング 「今日はみなさん来てくださって、本当にありがとうございました！今日ご紹介した作品は、〇〇で販売しますので、ぜひよろしくお願いします！」 「次回のインスタライブは、××月××日の19:00〜19:30で予定していますので、またぜひいらっしゃってください！」

3.配信者としてのキャラクターを設定する

視聴者に親しみやすさを感じてもらうためには、**自分自身のキャラクターを設定しておくとよいでしょう**。例えば、明るく元気な雰囲気で話すのか、落ち着いた語り口で行くのか、作家としてのスタイルに合ったキャラクターを選びます。決めたキャラクターを一貫して守ることで、ブランドのイメージを強化できます。

4.配信時間と視聴者の行動を考慮する

ターゲットとなる視聴者の生活リズムを考え、適切な時間帯を選びましょう。例えば、働いている人が多い場合は夜の時間帯が適していますし、主婦層がターゲットなら午前中や昼間が効果的です。また、**配信時間は15〜30分程度にまとめるのがおすすめ**。短時間で集中して作品を紹介し、視聴者を飽きさせない工夫が必要です。

5.配信スペースの準備を整える

ライブ配信では、**画面に映る背景や作品が視聴者に与える印象を左右します**。以下の点に注意して配信スペースを整えましょう。

- <u>背景</u>：清潔感のある背景を選び、ブランドカラーに合った小物や布で装飾を。
- <u>照明</u>：明るい照明を使用して作品がはっきり見えるようにする。リングライトやスタンドライトが効果的です。
- <u>音声</u>：配信中の雑音を防ぐため、静かな環境を確保する。

10

売れるライブ販売の6大ポイント

　ライブ販売で成功するためには、**視聴者とのコミュニケーションや配信環境に気を配る**ことが大切です。以下では、具体的な6つのポイントを解説します。

1.配信前に作品の魅力を整理し直す

　ライブ配信では、**作品をいかに魅力的に見せるかが重要です**。そのため、**配信を始める前に作品の特徴や魅力を整理し直しておきましょう**。「この作品はどんな人におすすめなのか」「どうやって使えば便利なのか」「他の作品と比べて何が優れているのか」などを簡潔にまとめておくことで、説明がスムーズになり、視聴者の興味を引きやすくなります。

　また、作品の使い方やこだわりポイントを実際にデモンストレーションすると、視覚的に魅力を伝えられるため、購入につながりやすくなります。

2.ライブ時間を長すぎないようにする

　ライブ配信が長くなると、視聴者が飽きてしまい離脱する可能性が高まります。特にアーカイブを視聴する場合、内容が散漫だと最後まで見てもらえません。「購入を促す」ライブでは、20〜30分程度を目安に、テンポよく作品を紹介するのが理想的です。

　コンパクトで要点を押さえた配信は、視聴者にとっても見やすく、次回のライブへの期待感を高める効果があります。

3.お客様がコメントしやすい内容を話す

　視聴者にコメントを促すためには、**シンプルで答えやすい質問を投げかけることが大切です**。「はい」や「いいえ」で答えられる質問や、選択

肢を提示する形式の質問が効果的です。例えば、「みなさんはピンクとブルーならどちらが好きですか？」のように具体的な問いを投げると、自然とコメントしやすい雰囲気が生まれます。

　コメントを受けることで会話が盛り上がり、視聴者との一体感が高まります。

4.お客様の入室時は必ずアカウント名で挨拶する

　お客様がライブに入室すると、アカウント名が画面に表示されます。このとき、元々知っている人でもはじめての人でも、**入室してくれた感謝を込めてアカウント名で挨拶しましょう。**「〇〇さん、来てくれてありがとう！」と声をかけるだけで、お客様に特別感を与えることができます。

　コメントをためらう人も、名前を呼ばれることで親近感を抱き、コメントしやすくなる場合があります。ライブ販売では、コメントを通じた双方向のやり取りが非常に重要です。

5.来てくれる人を覚える

　お客様に対して**一歩踏み込んだ接し方**を心がけると効果的です。例えば、「前回のライブで話した〇〇、どうでした？」など、**過去の会話を覚えていることを伝えると、お客様は自分が特別扱いされていると感じてくれます。**ファンとの距離が縮まり、リピート購入につながるきっかけになります。

6　画面上でポップアップ感を演出する

　ライブ配信中に、**まるでポップアップショップを訪れているかのような演出**を加えると、お客様に特別な体験を提供できます。**背景に作品を並べるディスプレイスペースを設けて、実際に店頭に立って接客しているような雰囲気を演出する**のがおすすめです。

配信中に「後ろに映っている作品が気になります」といったコメントをもらうこともあります。その際に作品を手に取って紹介すると、購入への意欲を高めるきっかけになります。また、**部屋の照明が暗いと印象が悪くなるため、リングライト**などで**明るさを調整**し、作品の魅力をしっかりと伝えましょう。

ポップアップを意識した配信スペース

第7章

作家座談会

ハンドメイド作家のB面×
KIRU×kiRu×チエソー

兼業・専業？ それぞれの仕事のやり方

兼業・専業のどちらがいいのか？
売り上げをきちんと立てることができるのか？
そんな疑問を持つ方々に向け、
現役ハンドメイド作家として活動するサロンメンバーの
ふたりといっしょに、体験談や苦労話を語り合いました。

KIRU×kiRu

鼻緒や下駄、草履など足元の和装小物に特化した専業ハンドメイド作家。昔から着物を着ることが好きで、「"キモノにワクワク"を」をモットーに、イベント販売を中心に活動。

チェソー

元オーダーメイドカーテン縫製職人で、現在は「心に潤いを」をテーマに、洋服や小物を制作する兼業ハンドメイド作家。週4日のパート勤務と育児を両立しながら活動中。

イベント出店初期は売れなかったことも

ー2024年9月、ぱる出版会議室にてー

B面（以下B）　今日は遠くからわざわざありがとう。よろしく。早速質問を始めるけど、ふたりは現在、どのような作品を作っているの？

KIRU×kiRu（以下K）　私は、鼻緒や下駄、草履などの和装小物を中心に制作する専業ハンドメイド作家です。お客様一人ひとりに合わせて、台と鼻緒の組み合わせを提案することも多いですね。

チェソー（以下チ）　私は布を使った洋服や小物をミシンでひとつずつ制

作しています。スカートやストール、ワンピースが主なアイテムです。

B　ふたりがハンドメイド作家を始めたきっかけは？

K　私がハンドメイド制作を始めたのは5年前。最初は趣味で作っていた柄足袋や和装小物を、友人に誘われたハンドメイドイベントで販売したのがきっかけです。そのときは単価も低く、稼ごうという気持ちではやっていませんでした。

B　でも今では専業のハンドメイド作家だよね？

K　2023年に専業になりました。実は2019年に父が亡くなったのですが、そのときに仕事人間だった父が本当は違う仕事をしたかったことを知ったんです。それまでは私も、「老後に好きなことができればいい」と思って仕事をしていたのですが、**「悠長なことは言っていられない！　本気で好きなことをして生きていこう」**と思いました。

B　それはすごいね。当時はどこかに勤めていたの？

K　会社員だったのですが、後継者を探している鼻緒職人と知り合う機会があって。そこでしばらく修行をさせてもらうことになりました。鼻緒や下駄、草履など足元の和装小物を作る勉強をして、2023年に専業に転向しました。

チ　私はふたりの小学生の子育て中で、現在も週4回パートで9時〜16時まで仕事をしている兼業ハンドメイド作家です。実は小物などの制作・販売は20年前から細々行っていました。**本格的にハンドメイド作家としてやっていきたい**と腰を上げたのは、2018年くらいからだと思います。

B　20年前だとCreemaやminneもなかったと思うけれど、どうやって販売していたの？

チ　自分で作ったWEBサイトやYahooオークションなどで、当時は販売していました。

B　WEBサイトを作るのもすごいけれど、オークションに販売するのもすごいね。2018年に本格化したのには理由があるの？

チ　Creemaやminneに登録をして販売を始めたのがその時期だったのだと思います。ただ、子育てしながらなので時間がなかなか取れないのと、2020年からはコロナ禍に突入したため、2023年まではオンラインでの販売が中心でした。

K　私は基本的にはイベントに出店して販売するのがメインです。もしコロナ禍でイベントが減るようなことがなければ、オンラインは今だにやっていなかったかもしれません。

B　2024年に入ってからは、イベントの盛り上がりがすごいよね。イベント販売がメインなのには理由があるの？

K　**イベント販売は対面でお客様に会えるのがやはり魅力**。集中するべきは目の前にいるお客様とわかりやすく、会話をしながらどの下駄とどの鼻緒を合わせたらいいかいっしょに考えるのも楽しいです。そのときにやるべきことがはっきりしているし、**お客様の熱量を感じられるところもいいですね。**

B　オンラインはそうではない？

K　最近、オンライン販売を1ヶ月間集中的に強化しようとがんばってみた時期があったのですが、毎日投稿、インスタライブの準備・配

信、写真撮影や加工、宣伝、注文~発送までの作業が本当に大変で。お客様からコメントをいただくのはうれしいのですが、イベントのように反応や熱量がイマイチわからず手応えを感じられませんでした。なので、オンライン中心のチエソーさんはすごいと思います。

チ　実はコロナ禍も落ち着いてきたので、私も2024年の頭からイベント出店を始めたんです。最初は、売り方はもちろん持ちものさえもわかっていなくて、売り上げもほとんどありませんでした。でも、どうしてもイベントで売り上げを立てられるようになりたくて、**家でディスプレイやブース作りの練習をしたりしましたね。**まだ数回しか出ていませんが、最近では少しずつ慣れて作品が売れるようになってきた気がします。

K　私も最初の頃は閑古鳥が鳴いて不安なこともありました。**慣れるためにはどうしても知識だけじゃなく、経験をしないと難しいですよね。**ディスプレイがうまくできていても、ボーッと立っているだけではお客さんは来ないし。ちゃんと接客もしないといけないなと思うこともありました。

B　作品を置いているだけでいいと思っている作家も多いけれど、売る気がないのかなと思われてしまうよね。**接客はちゃんとした方がいいなと見ていて思うね。**

チ　**最近はブースから声を出したり、寄ってくれた人にはパンフレットを配るようにしています。**あとは、遠方のイベントには家族もいっしょに来てくれるように。私が働いている間は、夫と子どもで観光をしているようで、楽しんでくれています。

K　いいですね。私も現地でおいしいものを食べることがイベントの楽しみのひとつ。そのために、1日前倒して行くこともあります。イベントが好きなので本当はそれ1本でもいいのですが、**またコロナ**

禍のようなことが起きないとも言い切れないので、**しっかりオンラインとの2本柱を確立したいです。**

B　そうだね。オンラインは24時間いつでも売れるのがやっぱり強み。**両方できるのが安心かもしれないね。**ふたりはライブ販売やインスタライブはやるの？

K　インスタライブをやることはあります。作品紹介をしたり、下駄と鼻緒の組み合わせをいっしょに考えたりと、**主にお客様とのコミュニケーションツール**として使っています。コメントとかをもらえると、うれしいですよね。

B　インスタライブはどうしてもフォロワーが多くないと躊躇しがちだけど、僕もコアで見に来てくれる人はいつも35人程度。そういう人たち相手に2時間半くらいやったりもするんだけど、**コアなファンに届いていればいいかなと割り切っています。**

薄利多売や販売ミスなどで大失敗

B　ふたりははじめて売れた自分の作品のことは覚えている？

K　私はさっきも話した友人に誘われて参加したイベントで売れた、帯がはじめてだったと思います。そのときに感じたのは**喜びよりも驚き**。自信も実績もなく、名もない私が作った帯が売れた！　という感想でした。

チ　私は女性のための起業講座に参加した際に、その一環でマルシェに出店をしたんです。そこで売れたのがチュニックだったのですが、悩んだ挙句確か12,000円くらいの値段をつけました。けっこうな値段だったので売れたときはKIRU×kiRuさんと同じく、**うれしいよりも驚きや申し訳ないという気持ちに。この価格で本当に大丈夫だっ**

たのかという**不安もありましたね。**

B　不思議だけどそういう気持ちから、**突然当たり前に売れるようになるタイミングが来る**んだよね。

チ　**最初の頃はハンドメイド作家と名乗るのも躊躇しましたが、今は言えるようになりました。**

B　ハードルが高く見えるけれど、**出店したらみんなハンドメイド作家**だからね。ハンドメイド作家を始めてからの失敗談はある？

チ　私は以前に、母の日用に出したギフト雑貨がものすごく売れたことがあったんです。中身はハンカチやポーチなどの小物だったのですが、**価格をかなり安く設定してしまって。売れた数の割には儲けがあまりなく、まさに薄利多売。**夫にも「あれだけ大変そうだったのに、利益はそれだけなの？」と言われてしまいました。価格設定の大切さを知った出来事です。

K　私はminneとCreemaに同じ作品を出品していたのですが、**片方で売れたのにもう一方を完売表示にするのを忘れてしまい……。**その当時はそんなに作品がバンバン売れることもなかったので両方で売れたことに驚いたのと同時に、一点ものの作品だったのでどうしようと……。結局、後から購入したお客様に似た作品を提案したところ、それを気に入ってくれたのでことなきを得ました。あとサロンに入る前は原価から作品の値段をつけていたので利益も少なかったのですが、今はそうではなく知覚価値法などきちんとした基準で価格を決めています。

チ　失敗とはちょっと違うのですが、ハンドメイド販売を始めた当初は、夫から仕事ではなく「どうせ趣味でしょ」言われたことがあり、とても悔しかったですね。

K　わかります。私も「作品作りで疲れた」というような発言をすると、「遊びでやっているんじゃないの？」と周りから言われたことがありました。**生計を立てるために仕事としてやっているのに、遊びだ**と思われがちですよね。

チ　夫は私がハンドメイド作家として活動することに反対はしないのですが、おそらく先ほどの母の日の売り方の失敗を見ていたのもあり、そう言ったのかと。**そこからは作品が売れたらその話を積極的にしたり、自宅でB面さんの講義の音声を流してきちんと活動している姿をアピールをしています**（笑）。

B　子育てをしながらだから、時間を取るのも大変なんじゃない？

チ　**タイムスケジュールはパートのある平日、ない平日、休日で細かく分かれています。**夫の仕事の都合にもよりますが、子どものこともあるのでほとんど作業できない日も。私の場合は制作や撮影は自宅の近くにある、実家の自分の部屋を使っています。自宅で空き時間ができても、できるのは注文返信やSNS投稿、写真編集などのパソコン作業くらいなんです。
　　ただ、限られた時間の中での作業とはいえ、**作った作品は必ず着画で撮影すること**、**素材の布を作ってくれた人の想いを無駄にしないために、生地は絶対に最後まで使い切る**ことなどのこだわりは大切にしています。

K　制作や撮影のための部屋があるなんて理想的ですね。

チ　白壁があるのでパンフレットにのせている写真も、実はすべて実家の部屋で撮ったものなんです。**洋服は撮影にある程度のスペースがいるので、**助かっています。

K　私はすべて自宅で行なっていて、**撮影はベッドの上に布を敷いてそ**

の上で撮っています。私の場合は今の生活は会社員の頃とは違い、**まったくルーティーン化されていません**。週末は比較的プライベートなことに時間を使うことが多いですが、平日は何時~何時まで作業すると決めておらず、イベントに向けて作品作りを集中的にする日、発送などの事務作業をがんばる日など、**日によって内容も変わります**。

B　ハンドメイド作家って、**作品作りを仕事と感じていない人も多いよ**ね。

K　わかります。作ること自体が好きなので、時間があると仕事と思わずに作っていることも多いですね。

チ　でもやりすぎてしまうと自分を追いつめてしまうので、**私は燃え尽きないように注意もしています**。例えばイベントをゴールと考えて準備をがんばりすぎると、その後のやる気が続かなくなってしまいがち。イベントのさらにその先のことまで見据えて、燃え尽きすぎず"細く長く"を心がけています。

コンサルを受けて売れ行きが変わった

B　ふたりが僕のサロンに入ったきっかけはなんだったの？

チ　私が入会したのは2020年で、当時初回1ヶ月無料キャンペーンをしていたので、それに惹かれて……（笑）。それまではひとりで活動していましたが上手くいかないことも多く、でもサロンってちょっと怪しいイメージもありました。そんなときにB面さんがSNSで、「ハンドメイド作家全員で勇気を出して販売価格を上げていきませんか？」と投稿したのを見て。**仲よしこよしだけではない、ちょっと尖った感じがいい**と思い入会しました。

K 私は元々、イベントを中心に活動していましたが、コロナ禍でイベント数が激減。専業にできないか悩んでいた時期でもあり、**ネット販売が苦手なので強化したい**と思い、2023年の前半に入会しました。B面さんはハンドメイドコンサル業界では有名なのでSNSを見ていたのですが、中にはアンチの人もいて。私がB面さんの投稿にリアクションしたことがあったのですが、そうしたら知らない人から「あいつはやばいから信用するな」というようなDMが来たんですよ（笑）。でも、アンチがいるっていうのは逆にすごい人だと思い、私の場合は余計に気になってしまいましたね。

B 僕はみんなで仲よくやろうというよりは、本音で言いすぎてしまう部分があるんですよね。それでアンチからコメントやDMが来ることもよくありました（笑）。実際にサロンに入会してみてどうだった？

チ 最初に驚いたのは男性なんだ！ってことでした（笑）。

K 私が入会した頃はすでにインスタライブをやっていたので、性別はわかっていました。尖っている人かと思いきや、全然そのようなことはなかったですね。優しくてシャイというか。

B サロンとかコンサルは詐欺も多いし疑っている人も多いと思うから、無理やり勧誘するようなことはしていないんだよね。だからそう見えたのかもね。

チ 実際にB面さんのサロン内にある講義を聞いてみて思ったのは、**ハンドメイド作品を販売するときに、自分はマーケティングなどの視点から物事をまったく考えられていなかった**ということ。自分が好きなものを作って好きなように販売していただけで、お客様にはそれが刺さっていない。値段のつけ方や売り方をまったくわかっていなかったということでした。

K　**ハンドメイド販売をブランディングやマーケティングなど論理的な面から学べたことが、すごくしっくりきました。**パンフレットを作るときに、1対1のコンサルでアドバイスしてもらえたのもよかったです。

　また、**サロン生同士の交流も刺激になってよかった**ですね。馴れ合いではなく、みんながこんなにやれているなら自分もできると勇気をもらえました。私が会社員を辞めて専業のハンドメイド作家になると決めたときも、**みんなが「ようこそ！」、「おめでとう」と言ってくれた**のは、心強かったですね。

チ　兼業から専業になるのに不安はありませんでしたか？

K　最初は収入を得て、暮らしていけるのかすごく不安でした。でも、私の師匠がそれで生計を立てていたわけだし、もう会社も辞めていたので**やるしかない**なって。正社員の頃は週末に鼻緒職人の師匠のところで修行をして平日に作品作りなどをしていましたが、やっぱり残業や休日出勤になる日もあり、心身ともにきついことも。修行が終わってからも兼業で続けるのはしんどそうと思って、会社員を辞めて最初からギアを入れてがんばることに。どうしてもやばくなったら、またどこかで働けばいいやという気持ちもありました。

B　実際に始めてみてどうだった？

K　作品に使う材料の仕入れはまとめて買ったほうが安いので、そういうまとまったお金が必要なときは貯金を切り崩すことも最初はありました。でも**スタートして1年ほど経ちますが、今のところ会社員時代のお給料と変わらないくらいではやっていけています。**

　でも、それは独立に向けてB面さんのサロンで事前に勉強したのがかなり大きかったです。参加していなければ多分会社員を辞めることはできなかったし、専業で生きている作家が本当にいることを知れたことで、精神的なハードルはグッと下がりました。

B　そうだね。うちのサロン生は作品ジャンルもバラバラだから、**ライバルになりすぎずに、切磋琢磨できている**部分はあるかもね。

K　実際に周りの友だちに同業者はいないし、いても「売れていますか？」なんて聞けないですよね。

B　そういう世界だよね。近すぎると妬みあってしまうし、仲よすぎないちょうどいい距離感なのかもしれない。売り上げの話とかできるのも、ドライな関係だからこそかもね。

チ　私はしばらく兼業で続けていく予定ですが、**いつかは専業になるのが夢**ですね。とりあえずはやっているパートのお給料を超えないと、辞めることは難しいかな。最近はイベントに参加することで違う景色が見えてきている気がするので、そこからまた次の目標を立てられればと思います。

手放しに楽しいだけの世界ではない

チ　考えてみるとサロンに入る前は、本当に自己流で制作や売り場作り、販売をしていたと思います。自分の好きなものだけを作っていて、まったくお客様のことを考えていなかったなと。購入率も悪く、たまに作品が売れてもリピーターになってもらえることもほとんどない。でも、冷静に考えてみれば自分でも方向性がわかっていないのだから、当然ですよね。

　サロンで学んでからは、**考え方が変わってお客様のことをきちんと考えられるようになった**と思います。ハンドメイドとは程遠いと思っていた、ビジネス書なども読むようになりましたね。

K　私も昔は楽しければよかったし、イベントに来てくれた人にだけ売れればいいと思っていました。なんというか、「絶対に売るぞ！」というモチベーションではなかったんです。でも専業としてやってい

くならばそれではダメだとギアを入れて、**売れる方法を考えたいと思うように。**「本気で売ろう！」とがんばるようになりました。

B　実際に仕事として始めてみると想像と違うことも多いよね。

K　そうですね。私の場合、このような作品を個人で扱っている人がとても少ないんです。競合となると老舗や大手企業になってしまい、個人だとやはり知名度が低いことが最近の悩み。決して老舗や大手企業に勝ちたいわけではなく、**お客様が草履や足袋を探しているときに、第三の選択肢としてもっと考えてもらえるようになりたいです。**

チ　私は売り上げを上げて専業になりたい気持ちはありますが、バズりたい！　みたいな願望があるわけではありません。**ブランドのコンセプトが「心に潤いを」なのですが、私の作品を身につけたお客様にホッとしてもらって、本当の自分になってほしいと思っています。**そのためにも細く長く愛されるブランドでありたいです。

K　ハンドメイド作家になる前に思っていたのとは違い、**この世界は手放しで「楽しい！」と言える場所ではないです。**もちろん専業になったことで人間関係などのストレスから解放され、心身ともに健康になったと感じています。**でも、楽しいけれど見えない不安に掻き立てられることも多く、夢と希望だけではやっていけない泥臭い部分も。**そのことを、これからハンドメイド作家を目指す人にも知ってほしいと思います。

　あとは、ネットでいろいろなことを学ぶことはできるけれど、**無料の情報に有益なものは少ない**と感じました。

チ　今の時代は動画を見ればなんでも作れるし、手を動かせば技術は身につけることができますよね。例えば私が作っている洋服も特別な技術が必要なものではなく、誰でも作ることができます。だからこ

そ、**自分のブランドをしっかりブランディングすることが大切だと実感**。ただ作るだけではダメなんですよね。

　ハンドメイド作家になって思うのは、**なってからもまだまだ学ぶことが多い**ということ。作家は作って売っているだけと思われるかもしれませんが、**仕事の半分以上は学ぶことだと思います**。実際にもし自分の子どもにハンドメイド作家になりたいと言われたら、「とりあえずハンドメイドの技術よりも、最初に経済について学ぼう」と言ってしまうかもしれません（笑）。

まとめ

　今回の対談を通じて、ハンドメイド活動の魅力とそれを取り巻く課題が浮き彫りになったと感じました。

　コロナ禍をきっかけとしたオンラインへのシフトや、SNSを活用したブランディングの重要性を改めて感じましたし、ハンドメイドイベントの復活を通じて得られる「**お客様との直接のつながり**」ってとても重要だと再認識しました。

　ハンドメイドの未来は**オンラインとオフライン両方のバランスを取りながら、活動の幅を広げていくこと**が鍵となりそうですね。

　お二人に共通していると感じたところが、「**自身の作品やハンドメイド活動を通じて誰かに喜んでもらいたい**」という想いです。

　ものづくりのモチベーションが目先の売上や結果だけではなく、自分の作るものに込めた気持ちが、見る人や使う人に届いてほしいという願いに根ざしている点がとても印象的でした。その温かい気持ちこそがハンドメイドの魅力そのものだと言えますし、お二人の魅力だと感じました。

一方で、イベント出店やオンライン販売を続ける中で、時間や体力の管理、モチベーションの維持といった現実的な課題も明らかになりました。それでも、お互いが「**好きだからこそ頑張れる**」という前向きな気持ちで挑戦を続けている点は、間違いなく大きな強みです。

　最後に、「**ハンドメイドは単なる趣味や販売活動にとどまらず、自分自身や他者とのつながりを生む場でもある**」という気づきを得られたことは、この対談の中での一番大きな意義であり収穫だったと思いました。

　これからもお二人それぞれのペースで、楽しみながら挑戦を続けていってくださいね！

[参考文献、Webサイト]
内田和成、岩井琢磨、牧口松二『物語戦略』日経BP、2016年
野崎亙『自分が欲しいものだけ創る！ スープストックトーキョーを生んだ『直感と共感』のスマイルズ流マーケティング』日経BP、2019年
「GLOBIS学び放題×知見録」https://globis.jp

あなたに合ったハンドメイドの売り場が見つかる
ハンドメイド売り場診断
LINE「友だち追加」で無料で診断できます！

https://line.me/R/ti/p/@604rroza?oat_content=url&ts=01061059

おわりに

　現在、ハンドメイド業界では、売れる作家と売れない作家の二極化が進んでいます。その原因として、業界の成熟化や作家・作品レベルの違いが挙げられ、それらが二極化をさらに加速させています。

　「作れば売れる」という時代は終わりを迎え、今の作家には売るための戦略やスキルが求められています。売れている作家は、SNSの活用法や販売プラットフォームの選び方、ブランディングをしっかりと考え、それを実践することで成功を収めています。一方、売れていない作家は趣味の延長にとどまり、ビジネス化の壁を越えられずにいるのが現状です。

　私が主宰するハンドメイドラボでは、こうした二極化の現実を解決するため、学びと実践の場を提供しています。ラボで蓄積したデータからも、成功する作家に共通するポイントが見えてきました。例えば、作品のジャンル選定、SNSの活用法、売上のメインとなる売り場の工夫などです。

　二極化が進む中でも、「次のステージに進む方法」は確実に存在します。本書では、この二極化の現実を踏まえつつ、普段オンラインサロン内でお話ししている内容を元に、売れる作家になるためのヒントを具体的に紹介しています。

　この本が、皆さんのハンドメイド作家としての可能性を広げるきっかけになれば幸いです。

ハンドメイド作家のB面

ハンドメイド作家のB面（はんどめいどさっかのびーめん）

上場企業で新規事業開発のリーダーを経て、2016年にハンドメイド作家として独立。主にminneやCreema、自社ECサイトで作品を販売し、総フォロワー数5万人以上、最高月商1,000万円を達成。2018年に法人化を果たし、独自ブランドを確立。2019年にハンドメイドコンサルタントとしての活動を開始。X（旧Twitter）、Instagramなどを活用し、自身の経験から「売れるハンドメイド作家になる方法」を発信。多くの作家の成功を支援。現在、ハンドメイド関連の会社を2社経営し、業界の発展に寄与。

- X（旧Twitter）：@handmadebbb（https://x.com/handmadebbb）
- Instagram：@handmadebmen（https://www.instagram.com/handmadebmen）
- note：ハンドメイド作家のB面（https://note.com/handmadebmen）
- YouTube：【B面】ハンドメイド作家作業用・聴き流しCH
  （https://www.youtube.com/@handmadebmen）

講座生が平均月32万円売り上げる講師が教える
副業からはじめるハンドメイド売り方大全

2025年3月6日　初版発行

著　者　　ハンドメイド作家のB面
発行者　　和　田　智　明
発行所　　株式会社　ぱる出版

〒160-0011　東京都新宿区若葉1-9-16
03(3353)2835－代表
03(3353)2826－FAX
印刷・製本　中央精版印刷(株)
本書籍に関するお問い合わせ、ご連絡は下記にて承ります。
https://www.pal-pub.jp/contact

© 2025Handomeido sakkanobimen　　Printed in Japan
落丁・乱丁本は、お取り替えいたします

ISBN978-4-8272-1491-8 C0034